Viva el Amor

A Latino Wedding Planner

Edna R. Bautista

Palmer Lake, Colorado

Filter Press, LLC

P.O. Box 95
Palmer Lake, CO 80133-0095

Cover design and illustration, Lauren McAdam.
Photograph on page 83 courtesy of Rice Photography.
Spanish translation by the Foreign Language Center, Colorado Springs, CO
(Silvia Uribe, translator)

Publisher's Cataloging-in-Publication
(Provided by Quality Books, Inc.)

Bautista, Edna R.
    Viva el amor : a Latino wedding planner / Edna
R. Bautista. -- 1st ed.
    p. cm.
    Includes bibliographical references and index.
    In English and Spanish.
    LCCN: 98-83092.
    ISBN: 0-86541-051-8

    1. Weddings--Planning. 2. Wedding etiquette.
I. Title.

HQ745.B38 2000   395.2'2
                QBI99-901805

This handbook contains ideas, information, and background for planning a Latino
wedding. Traditions, customs, practices, regulations, and forms of ceremony will vary
depending on one's heritage and religion. The author and publisher are not liable or
responsible to any person or entity with respect to any loss or damage caused or
alleged to be caused, directly or indirectly, by the research and suggestions presented
in this handbook.

> This book is available through your local bookstore
> or by calling the publisher at 888-570-2663.

Viva el Amor

a Latino Wedding Planner

In English

Contents

Acknowledgments

 I, María Edna Ramos Viernes Bautista, give thanks and praise to God Who makes all good things, like this book, possible. I also acknowledge my husband, Richard Owen Parkinson, and my family, the Bautistas (*papi* Domingo, *mami* Elisa, and brother Dennis Juan) for their love and support.

I express my appreciation to the following people for helping me with this project. *Muchas gracias* to: Doris Baker, of Filter Press, for her recognition of the need for information about Latino weddings and for her expertise during the publishing process; Susan Hindman, copyeditor; Carol Sumichrast and Beth Kooima for typesetting and interior design; Silvia Uribe, translator; Lauren McAdam, cover artist and illustrator; Milton Paris, national director, and Helene Hibshman, commercial manager, Pronovias USA, Inc.; Abel Rapp, public relations director, Carolina Herrera, Ltd.; B. Jean Droke, president and CEO, Jendro Hats and Veils; Rene La Villa, vice president, Miami Cool Wear; Tina Benayas, president/owner, Lands Far Away Imports; Lois Pearce, director of ethnic diversity, Association of Bridal Consultants; co-workers at Bridal Classiques in Tulsa, Oklahoma; Doris Nixon, director of educational services for Weddings Beautiful Worldwide, a division of the National Bridal Service, from whom I learned so much more about the wedding profession, for her constant encouragement, guidance, prayers, inspiration, and advice; Patrick Rice and Barbara Fender-Rice of Rice Photography in North Olmsted, Ohio, for their generous contribution of exclusive photos of several Latino brides and grooms; *mi madrina*, Rosario Cruz, fashion designer, and *tía* María Concepcíon Bohe, caterer and baker, for allowing me to help coordinate weddings and events; Elizabeth Brown, my intern and wedding assistant; my colleague Tina Peña, coordinator of the Spanish Program at Tulsa Community College, for proofreading and enthusiastic support; and to Lineth Guerra, Milagros Habibi Zavala, Angelina Jalomo, Silvia Mont, Carlos Rodrigo Moreno, Janice Vargas, Marianella Vicarioli, the Oklahoma State University Latin American Student Association and the Latin Dancing and Cultural Club, and all my Latino friends, students, and brides and grooms who shared their cultural insights and special wedding memories.

Introduction

Our Latino Heritage

As the new millennium begins, Latinos can look back with pride on 500 years of history and cultural influence within the United States. It is a rich heritage with a wealth of traditions that can add depth and meaning to your modern-day wedding.

This history began in the sixteenth century with a vision of expansion that came to life under the Spanish monarchs Ferdinand and Isabella and saw bold explorers and conquistadors sailing to the New World, searching for gold and claiming lands for Spain. Colonial towns and communities and Christian missionaries were set up, with the first permanent colonies in the western United States established in the Rio Grande Valley of New Mexico in 1598. From then on, Spanish newcomers lived among Amerindians (*los indios*), Africans brought to the New World as slaves, and other European populations. The descendants of this racially and culturally diverse mix of peoples make up the population group we call *Latino,* and the traditions they left behind are part of the Latino life.

The terms *Latino* and *Hispanic* are often used interchangeably. The word *Hispanic* is used to categorize people of Spanish descent, but the term is too narrow to represent the melting pot of people from the nineteen countries of Central and South America. Thus, the Pan-American term *Latino* has evolved into use. Many Latinos refer to themselves as Hispanic, Latino/Latina, Latin-American, or American (*Americano/ Americana*) and, at the same time, as Mexican, Puerto Rican, Cuban, etc. That both *Latino* and *Hispanic* are used with equal pride shows that, like two individuals joined together in marriage, there is unity in diversity.

Present-day Latin influence on American culture can be measured in several ways. Latinos constitute the fastest-growing minority in the United States. According to the 1990 census, Latin-Americans made up 11 percent of the U.S. population; the 2000 census will document that Latinos comprise the largest minority group in the United States. The Spanish language, which is a strong common bond among the diverse Latino peoples, is the world's third most spoken language. Many place names in the United States are Spanish, and American-English vocabulary is filled with words of Spanish origin. Mexican and Latin-American foods and restaurants can be found in every community, and Latino music is crossing over into the mainstream pop music charts. Spanish-language and bilingual

A Latino Who's Who

Musicians and Singers	Actors and Actresses	Artists, Designers, and Writers	Athletes
Joan Baez	María Conchita Alonso	Julia Alvarez (writer)	Lyle Azado (football)
Mariah Carey	Ruben Blades	Sandra Cisneros (writer)	Bobby Bonilla
Vicki Carr	Irene Cara	Salvador Dali (artist)	(baseball)
Pablo Casals	Emilio Estevez	Oscar de la Renta	José Canseco (baseball)
Celia Cruz	Eric Estrada	(designer)	Roberto Clemente
Charo	Andy García	Carolina Herrera	(baseball)
Joe Cuba	Raul Julia	(designer)	Oscar de la Hoya
Placido Domingo	John Leguizamo	Oscar Hijuelos (writer)	(boxing)
Gloria Estefan	Jennifer Lopez	Pablo Picasso (artist)	Trent Dimas
José Feliciano	Richard "Cheech" Marin	Diego Rivera (artist)	(gymnastics)
Enrique Iglesias	Ricardo Montalbán	Adolfo Sardina	Juan González
Julio Iglesias	Esai Morales	(designer)	(baseball)
Trini López	Rita Moreno	Piri Thomas (writer)	Richard "Pancho"
Ricky Martin	Edward James Olmos	Himilce Novas (writer)	Gonzáles (tennis)
Tony Orlando	Elizabeth Peña	Denise Chávez (writer)	Gigi Fernández (tennis)
Selena	Rosie Pérez	Rudolph Anaya (writer)	Mary Joe Fernandez
Tito Puente	Freddie Prinze	Luis Urrea (writer)	(tennis)
Linda Ronstadt	Paul Rodriguez		Tom Flores
Carlos Santana	Anthony Quinn		(football coach)
Jon Secada	Charlie Sheen		Keith Hernández
Ritchie Valens	Martin Sheen		(baseball)
Jaci Velasquez	Jimmy Smits		Nancy López (golf)
	Raquel Welch		Tony Perez (baseball)
			Jim Plunkett (football)
			Lou Piniella (baseball)
			Juan "Chi Chi" Rodríguez
			(golf)
			Pancho Segura (tennis)
			Sammy Sosa (baseball)
			Fernando Valenzuela
			(baseball)

Other Notable Latinos

Luis Alvarez • (Nobel Prize physicist)
Henry Cisneros • (politician/CEO of Univision)
Walt Disney/Jose Luis Guirao • (film director)
Jaime Escalante • (educator)
David Farragut • (first admiral of the U.S. Navy)
Giselle Fernandez • (television news correspondent)
Jackie Nespral • (television news correspondent)
Antonia Novello • (first U.S. Surgeon General)

Emilio Nuñez • (judge)
Tommy Nuñez • (basketball referee)
Ellen Ochoa • (astronaut)
Federico Peña • (Secretary of Transportation)
Ileana Ros-Lehtinen • (congresswoman)
Elizabeth Vargas • (television news correspondent)
Nydia Velazquez • (congresswoman)

television networks such as Univision and Telemundo, radio stations, magazine and book publishers, and websites abound.

A wedding is an appropriate and beautiful time to revive Latino traditions, since it is through your marriage and family life that these cultural customs continue and are passed on to future generations. By incorporating Latino wedding customs, you will deepen the significance of your own wedding day and honor the past generations that established and preserved these meaningful traditions.

Latino Surfing

http://www.latinoweb.com

http://www.latinolink.com

http://www.latinabride.com

http://www.quepasa.com

http://www.hispanicvista.com

Latino Wedding Traditions

Selecting godparent-sponsors (*padrinos*) for
support during your nuptial festivities and to guide you
through your married life

Cultural dress and accessories

Staggered-style invitations and inserts

Orange blossoms (*azahares*) or native flowers

Bilingual wedding ceremony

A veil ceremony to symbolize God's protection

A cord (*el lazo*) ceremony to symbolize that
marriage is for life

A coin (*las arras*) ceremony to symbolize the
sharing of worldly goods

A noisy caravan from the ceremony to the reception

A *fiesta* of Latino foods including *bizcochitos*

A wedding cake or fruit cake with hidden pull
ribbons

Bilingual toasts with native beverages

Mariachis, Latino music, and traditional folk dances at your
reception

A money dance to symbolize prosperity and
financial security

Piñatas for the young guests

A bridal doll covered with ribbon favors (*capias*)

A Latin destination for your honeymoon

Engagement

El Compromiso

You're engaged! Congratulations and *viva el amor*! Before tackling the many details of your wedding, enjoy this time of happiness with your spouse-to-be. Because a Latino wedding is traditionally a family affair, you can count on your parents—the main representatives of your household—to relay the good news, so tell them first. The announcement is guaranteed to travel quickly through the family communication network. A party to celebrate may be in order. This will give the families a chance to meet if they haven't already.

Formally announce your engagement through your community newspapers. Contact the society or lifestyle editor and ask for engagement announcement forms. Some newspapers will include your engagement photograph with the announcement.

During this period, a token of the engagement is given. Traditionally, the groom-to-be presents an engagement ring, typically a diamond solitaire, to his future bride as a symbol of remembrance and promise. Other engagement jewelry may be a birthstone setting or an heirloom piece customized and updated for the occasion. A reputable jeweler can work within your design preferences and budget and can assist in selecting your wedding bands.

The use of gold or silver for the wedding bands follows in the spirit of the *conquistadors*, who found an abundance of these precious metals among the Aztec, Inca, and Mayan civilizations, and in the mines of the southwestern United States. The bands are exchanged during the wedding ceremony to symbolize the strength and eternity of love.

Prewedding Parties

With a wedding come many opportunities to party. The most common are showers, a bridal gathering, bachelor party, and rehearsal dinner.

Showers. The modern-day shower has evolved from the centuries-old practices of the dowry system. A dowry was the wealth a bride brought to her marriage. If the bride's father disapproved of the groom and refused to pay a dowry, or if he could not afford a sufficient dowry, kindhearted relatives and friends would "shower" the couple with money and necessities.

In the Spanish dowry system, the bride or her father gave a dowry to the groom or to the groom and his family. In the past in the Latino community, once the father of the bride gave permission for his daughter to marry, the groom assumed financial responsibility for her and for the entire wedding. Today, members of the wedding party (*padrinos*) help with the wedding expenses by sponsoring items such as the invitations, cake, flowers, favors, or decorations. In addition, the bride and groom are showered with gifts from their registry at prewedding parties. Traditional showers may feature Latino food, Latino music, and decorations of mini-sombreros or lace fans.

Bachelorette and Bachelor Parties. The bachelorette bash or bridal gathering is a party given by either the bride or someone close to the bride, to celebrate her last days as a single woman with her attendants, closest friends, and relatives. The gathering of friends can be a dinner at a Latino restaurant, a party in the bride's home, a picnic, or a gathering at a club. Gifts are exchanged. The bride presents her attendants with special keepsakes of the wedding and thanks all present for their help and support in planning her upcoming wedding. The bride typically receives a gift of lingerie from her attendants at the bachelorette party.

In similar fashion, the groom, or someone close to him, hosts a party for his close friends and attendants. Plan to hold the bachelor party at least a week before the wedding, so it will not compete with other last-minute events. The bachelor party has earned a risqué reputation, but many parties are quieter affairs centered around a sports event, camping trip, or dinner out. A round of toasts is made to bid *adios* to the groom's past and wish him good luck. It is an old, but costly, custom to make a toast in the name of the bride and then smash the glasses so that no toasts of a higher order can be made. Grooms may take this opportunity to present gifts—such as engraved pens or key rings, gift certificates, leather wallets or goods, or pewter mugs—to their attendants.

Rehearsal Dinner. The day before the wedding, everyone in the ceremony—attendants, parents, godparent-sponsors, and sponsors—gathers to practice their roles under the direction of your officiant or wedding coordinator. The rehearsal is just what it implies. Respect the rehearsal director's authority. A full, smooth rehearsal will work wonders to reduce your anxiety about the ceremony. Take your checklist of wedding responsibilities and note any items forgotten or overlooked. Practice until everyone is sure of their parts. Manage your time wisely; set the rehearsal time in late afternoon, so there will be time to enjoy the dinner and still end the evening early enough for all to get plenty of rest for the full day that follows.

The rehearsal dinner is an intimate and relaxed time with those closest to you—your family and entourage. It follows the rehearsal and is traditionally hosted by the groom's family or by godparent-sponsors for the wedding party and their dates or spouses. Whether the dinner is a formal, sit-down meal or a potluck supper in a home, take this time to enjoy the company of your wedding party, review notes for the wedding, and celebrate the unity of two families and two people in love. Purchase a special memory book and have everyone at the rehearsal dinner write their thoughts and best wishes in it. The dinner is also another opportunity for the bride and groom to present tokens of appreciation to the entourage, parents, and godparent-sponsors if thank-you gifts haven't already been given.

Bizcochitos/*Polvorones*

Bizcochitos/polvorones, small biscuit-like cookies that taste like a sweet shortbread, have become known to Latinos in the American Southwest and Mexico as the traditional wedding cookie. Feature this dessert at the wedding itself and at nuptial get-togethers.

Ingredients:

1 cup softened butter	$\frac{1}{2}$ cup confectioners' sugar
$\frac{1}{2}$ teaspoon vanilla extract	2 cups sifted all-purpose flour
$\frac{1}{4}$ teaspoon salt	$1\frac{1}{2}$ cups finely chopped nuts
Extra confectioners' sugar for dusting cookies	

Procedure: Preheat oven to 350 degrees. With an electric mixer, beat the butter and confectioners' sugar in a medium-sized bowl. Add vanilla. Gradually combine flour, salt, and nuts into mixture. Pinch out one-inch balls from the dough mixture and roll till smooth. Place on ungreased cookie sheets about $\frac{1}{2}$ inch apart. Bake for 15 minutes or until lightly browned. Remove from the cookie sheet immediately. While the *bizcochitos* are still hot, roll in confectioners' sugar to coat.

Yield: Approximately 4 dozen. May be stored in an airtight container for up to one week.

The Wedding Planning Calendar

Before setting the wedding date, consider the honeymoon location and dates, work vacations, seasons and weather conditions, menstrual cycle, prior family commitments on both sides, holidays, reception site availability, and the officiant's calendar.

Latino Christians, whether Catholic or Protestant, must consult their priest or minister to set a wedding date. Catholic weddings may not be held during Lent, Holy Week, Advent, and on certain holy days, such as Easter and Christmas, although a very simple ceremony may be permitted on these days to accommodate unusual circumstances. Catholics must have a church ceremony for the marriage to be recognized as valid. A formal wedding with a high nuptial mass that includes communion takes place shortly before or at noon. A semiformal wedding is generally held in the morning. An informal wedding, or a ceremony without celebration of mass, is held in the afternoon before the regularly scheduled evening mass. Protestants have fewer restrictions placed on the date, place, and time for a wedding ceremony, but some holy days and days that conflict with scheduled church services or activities may not be available. The minister or church secretary will be able to answer your questions about available dates and times.

Latino Jews (of Sephardic heritage) must consult a rabbi before setting a wedding date. Nuptial practices vary among Orthodox,

Conservative, and Reform Jews. Orthodox Jewish law permits celebration of a wedding ceremony any day except the Sabbath—that is, from sundown on Friday to sundown on Saturday—holy days, and festivals including Rosh Hashanah, Yom Kippur, Passover, Shavuot, and Sukkot; but exceptions can be made for Hanukkah and Purim. Although Jewish weddings are most often held in synagogues, a canopy (*chuppah*) may be raised at any site that offers a sense of holiness for the couple.

Latino Muslims (of Moorish heritage) must follow the Islamic calendar for nuptial celebrations. Although the civil and religious contracts are usually signed in a secular office, such as a judge's chamber, Muslim wedding rituals are held in a mosque and the wedding date is set after consulting the imam, or clergyman.

If you and your partner are of different faiths or denominations, talk with the officiant who will conduct the ceremony about appropriate dates and times. There may be restrictions or special requirements.

Should you choose to exchange vows at the courthouse before a justice of the peace, be aware that federal and state buildings are closed on holidays. Also, the time of the ceremony is limited to normal business hours during weekdays. Of course, you may hire a judge to hear your vows wherever and whenever you choose to hold your wedding.

Once the date is set and confirmed, begin planning and organizing the numerous details.

Wedding Planning Guide

One Year to Six Months Before

- Announce your engagement to your family. Write personal notes or call distant relatives.

- Set and confirm the wedding date and time for ceremony and rehearsal.

- Check with local newspapers for instructions on how to announce both your engagement and wedding.

- Decide on the sites for ceremony and reception, and reserve nine months in advance.

- Choose wedding bands.

- Envision your wedding and decide on the degree of formality and a style. Choose the Latino traditions and customs you will incorporate, and order items needed from specialty catalogs.

- Pick a dominant color and motif for the wedding. Decide on decorations and the flowers that will match the wedding theme.

- Make a realistic budget and discuss how wedding expenses will be shared.

- Visit and interview prospective vendors, among them the caterer, baker, florist, photographer, and musicians. Ask for a copy of each company's typical wedding service contract. Ask about the various wedding services or packages available and prices.

- Select members of your entourage.

- Choose your wedding godparent-sponsors (*padrinos*).

Six Months Before

- Consider hiring a professional wedding coordinator who is familiar with Latino traditions and customs.

- Negotiate contracts with florist, caterer, baker, musicians, photographer, videographer, and other vendors.

Wedding Planning Guide

- Begin searching for wedding clothing for bride and groom, the entourage, and godparent-sponsors. Allow six months for ordering, custom-tailoring, or rental reservation.

- Compile a tentative guest list.

- Establish gift registries in stores.

- Make honeymoon decisions, book reservations six months in advance, apply for passports and visas, and get inoculations for foreign travel.

- Reserve accommodations for the wedding night if the honeymoon doesn't begin immediately.

- If live musicians are not booked for reception, engage the services of a disc jockey.

- Arrange for limousine rental.

Four Months Before

- Prepare the final guest list.

- Order all wedding stationery including invitations, announcements, programs, napkins, and imprinted favors.

- Attend premarital counseling sessions.

- Have a physical examination. Fulfill any requirements for blood tests, or other legally required health examinations.

- Select readings for the ceremony.

- Prepare a rehearsal schedule.

- Set reception menu with caterer.

- Keep in contact with the caterer, baker, musicians, photographer, florist. Check on their progress.

Wedding Planning Guide

- Order your wedding cake.

- Make final musical selections with soloists and other musicians for the ceremony and the reception.

- Have an engagement photograph made.

- Work with photographer to develop a list of wedding and reception photographs.

- Set the final order with the florist.

- Pay deposits to vendors according to contract terms.

Two Months Before

- Address and mail invitations. Hire a calligrapher if desired.

- Arrange for transportation and accommodations for out-of-town guests.

- Choose and reserve the groom's and the groomsmen's tuxedos.

- Buy accessories for entourage including jewelry, shoes, gloves, and purses.

- Assign responsibilities and roles to the members of the entourage. Ask for help with Spanish/English interpretation and with logistics such as parking and traffic, decorations, transportation for out-of-town guests, pickup and delivery of wedding items to the wedding site, clean up, and delivery of gifts to the newlyweds' home after the reception.

- Prepare a schedule for reception activities.

- Ask someone to serve as emcee at your reception, someone to attend to the guest book and gift table, and someone to give out the wedding programs.

- Open new bank accounts.

- Draw up a prenuptial agreement if you feel it is important.

❊ Confirm all arrangements with vendors.

❊ Make appointments for personal grooming with hair stylist, makeup consultant, and manicurist.

❊ Register name changes with the state Department of Motor Vehicles, the Social Security office, and your employer. If the bride will assume her groom's family name after the wedding, decide whether Anglo-American practice or Latino practice will be followed (see Chapter 2, "Name Changes").

One Month Before

❊ Complete proper forms by deadline for newspaper announcements of your wedding.

❊ Update your gift registries. Write thank-you notes as gifts are received.

❊ Make sure all is in order for the move to your new residence.

❊ Buy gifts for your spouse-to-be, the entourage members, and your godparent-sponsors.

❊ Make a seating plan for the reception.

❊ Apply for your marriage license.

❊ Give the caterer the final guest count.

Two Weeks Before

❊ Address wedding announcements and have them ready to mail the day of the wedding.

❊ Confirm wedding night accommodations and pick up tickets for honeymoon travel.

❊ Schedule final fittings and pick up all wedding clothes and accessories.

Wedding Planning Guide

One Week Before

- Pack for the wedding trip.

- Move belongings into your new home.

- Check with stores at which you have registered and pick up gifts.

- Contact all vendors and confirm last-minute details.

- Continue writing thank-you notes for gifts received.

- Attend prewedding parties.

- Greet your out-of-town guests.

- Write checks for ceremony officiant, musicians, and others to be paid at the wedding. Place in labeled envelopes.

The Wedding Day

- Allow plenty of time to dress and get to the ceremony site.

- Have your wedding coordinator or a friend ascertain that all members of the wedding party have all items needed for their parts in the ceremony, that all flowers and decorations are in place, the cake is delivered, and the musicians are set up.

- Ask best man to see that all vendors receive payment and gratuities.

- Mail wedding announcements to those unable to attend or who were not invited to the wedding.

- Pack a just-in-case emergency kit; include a needle and thread, nail file, extra hosiery, aspirin, and tissues.

- Eat a light snack two hours before the ceremony. You'll need the energy.

- Be aware of the time and stay on schedule, even if Latino time is usually late!

Early Preparations

Preparaciones de antemano

Once the wedding date is set, the next point of preparation is to decide on a wedding style. The degree of formality of your Latino-style wedding depends on your preferences and budget. Your wedding can be elaborately regal or simply elegant, a large or an intimate affair, religious or secular, classic or contemporary. Whatever degree of formality you choose, an organized wedding presents a consistent style that is evident in your choice of colors and motif, in your invitations, attire, decorations, ceremony, and reception site, and in the sizes of the guest list and wedding party. Be sure to explain the symbolism of the Latino traditions and customs used in your wedding in either your ceremony or reception programs. Your non-Latino guests will be charmed and informed, and your Latino guests will be proud that you are celebrating your heritage.

Although it is traditional for the mother of the bride to act as the ultimate hostess for her daughter's wedding, today many couples are making most of their own nuptial decisions. This can be a strong beginning to your life together; counselors and therapists find that open communication early in a relationship helps develop a sound marriage. The family is a very important support group within Latino culture, however, and even if the couple limits the influence of others on their wedding plans, they still honor the family by sharing their plans as they develop.

Setting a Budget

Weddings are costly affairs. Tremendous expenses are generally incurred. According to *Bride's Magazine,* the average cost of a wedding in 1997 was $19,104. In Anglo-American culture, the bride's family pays for most of the wedding. In the Latino culture, immediate and extended families and even close friends of the bride and groom contribute their time, talents, and treasures to help the couple defray some of the costs, thus making the wedding a community celebration.

Often, several pairs of godparents—a godfather or *padrino* and a godmother or *madrina*—are chosen to sponsor, or provide, invitations, the wedding cake, decorations, or other wedding necessities; or they give money to the couple for these items. Sometimes godparents pay for more than they can afford to avoid appearing less than fully generous. Because of the generosity of their gifts and the significant role they play, the sponsors are acknowledged by having their names listed on special inserts in the wedding invitations.

Even if you are fortunate to have supportive relatives and *padrinos*, do not take advantage of their generosity. Demonstrate to them your financial maturity and your responsibility by making and sticking to a realistic budget. Keep track of your wedding expenditures on a budget worksheet such as the one provided.

Budget Worksheet

ITEM OR SERVICE	AMOUNT BUDGETED	ACTUAL COST	PERSON RESPONSIBLE
Engagement			
Ring			
Announcements			
Party			
Other			
Ceremony			
Site Cost			
Officiant's Fee			
Assistants' Fees			
Marriage License			
Decorative Certificate			
Musicians/Soloists			
Rings			
Groom's Wedding Band			
Bride's Wedding Band			
Stationery			
Invitations			
Announcements			
Response Cards			
Special Inserts			
Thank-you Notes			
Postage			
Ceremony Programs			
Reception Programs			
Other			
Bridal Attire			
Gown			
Headpiece/Veil			
Shoes			
Undergarments/Hosiery			
Garters (Keepsake/Throw)			
Jewelry			
Going-away Outfit			
Other Accessories			
Subtotal			

Photocopy at will

Budget Worksheet

ITEM OR SERVICE	AMOUNT BUDGETED	ACTUAL COST	PERSON RESPONSIBLE
Groom's Attire			
Tuxedo Rental/Purchase			
Other Accessories			
Entourage Attire			
Bridesmaids' Dresses			
Bridesmaids' Shoes			
Bridesmaids' Accessories			
Flower Girl's Dress			
Flower Girl's Shoes			
Flower Girl's Accessories			
Groomsmen's Outfits			
Groomsmen's Accessories			
Ring Bearer's Outfit			
Ring Bearer's Accessories			
Parents' Attire			
Bride's Mother's Dress			
Shoes and Accessories			
Groom's Mother's Dress			
Shoes and Accessories			
Bride's Father's Outfit			
Accessories			
Groom's Father's Outfit			
Accessories			
Godparent-Sponsors' Attire			
Madrinas' Dresses			
Shoes and Accessories			
Padrinos' Outfits			
Accessories			
Specialty Items			
Candles			
Veil			
Cord/Rosary			
Coins/Treasure Box/Pouch			
Pillow			
Bible/Prayer Book			
Bridal Doll			
Other			
Subtotal			

Photocopy at will

Budget Worksheet

ITEM OR SERVICE	AMOUNT BUDGETED	ACTUAL COST	PERSON RESPONSIBLE
Flowers			
Bridal Bouquet			
Throw Bouquet			
Bouquet for the Virgin Mary			
Bridesmaids' Bouquets			
Flower Girl Basket/Bouquet			
Mothers' Roses			
Men's Boutonnieres			
Church Decorations			
Reception Decorations			
Other Floral Arrangements			
Photography/Videography			
Wedding Album			
Parents' Albums			
Extra Prints			
Wall Portraits			
Video Master Copy			
Extra Videos			
Other			
Music			
Ceremony Organist			
Ceremony Soloist			
Reception Disc Jockey			
Reception Band			
Mariachi/Other Entertainment			
Transportation			
Car/Limousine			
Decorations			
Car for Out-of-town Guests			
Parking			
Other			
Accommodations			
Out-of-town Guests			
Wedding Night Stay			
Subtotal			

Photocopy at will

Budget Worksheet

ITEM OR SERVICE	AMOUNT BUDGETED	ACTUAL COST	PERSON RESPONSIBLE
Reception			
Site Rental			
Caterer			
Beverage/Liquor			
Equipment Rental			
Decorations/Set Up			
Wedding Cake			
Gratuities/Taxes			
Other			
Accessories and Decorations			
Favors			
Guest Book and Pen			
Cake Knife and Server			
Toasting Goblets/Glasses			
Imprinted Napkins			
Other			
Honeymoon			
Transportation			
Accommodations			
Dining			
Legal Documents			
Health Preparations			
Incidentals (toiletries, film, etc.)			
Daily Allowance			
Souvenirs			
Other			
Gifts			
Bride (from Groom)			
Groom (from Bride)			
Bride's Attendants			
Groom's Attendants			
Flower Girl			
Ring Bearer			
Bride's Parents			
Groom's Parents			
Godparent-Sponsors			
Other Important People			
Subtotal			

Photocopy at will

Budget Worksheet

ITEM OR SERVICE	AMOUNT BUDGETED	ACTUAL COST	PERSON RESPONSIBLE
Parties			
Shower			
Bridal Gathering			
Bachelor Party			
Rehearsal Dinner			
Miscellaneous Items			
Physical Exams/Blood Tests			
Beauty Appointments			
Insurance			
Other			
Miscellaneous Services			
Wedding Coordinator			
Calligrapher			
Lawyer			
Reception Emcee			
Security			
Spanish/English Interpreter			
Other			
Subtotal			

TOTAL

Photocopy at will

Gift Registry

The likelihood that your wedding gifts will come in the form of sponsored necessities is greater in Latino weddings. Invited guests who are not sponsors will want to give wedding presents, too. Your family communication network is helpful in relaying information about what you like or need. It is considered poor etiquette for you to announce your preferences in the invitation as it implies that gifts are expected.

Another helpful system for making sure you receive useful gifts is the wedding gift registry, a practical concept that allows guests to buy those items that you and your spouse-to-be have selected at your favorite stores. Long used for china and crystal gifts, the wedding registry now includes a wide range of necessities. Some travel agents have even set up a registry whereby guests can contribute funds toward the newlyweds' honeymoon costs.

Before registering, however, make a detailed inventory of what you both like or will need for your new home. Go together to the store and meet with the registry consultant who will advise you about the process and policies and set up your computerized gift wish list.

Health

In your vows, you'll promise to remain with your spouse "in sickness and in health." You can fulfill the latter if you take good care of yourself during this time of fluctuating emotions. You want to look healthy and radiant on your wedding day. If you plan to start an exercise program, consult a physician who will design a program tailored to your personal needs. Don't overdo exercises that will result in strain to your body. Also, watch your eating habits, alcohol consumption, and caffeine intake. Moderation in both exercising and dieting is vital to maintaining balanced energy levels.

Talk with your physician about birth control and family planning. Check whether any physical examinations are legally required before you can be married. Your state may require blood testing for AIDS and various venereal diseases, sickle-cell anemia, rubella, tuberculosis, and other infections. Some states even require tests for mental competence. Call the local marriage licensing bureau for specific details concerning medical prerequisites.

Legal Matters

Stripped of all its finery and romantic overtones, a marriage is but a civil contract. You are entering a legal contract as well as an emotional and moral commitment. To make your marriage legal, you need a license.

Marriage laws differ from state to state, so check with your local marriage licensing bureau about health prerequisites, age of consent, time of validity, presentation of documents, and application fees. The engaged couple must apply for the marriage license in person. You may be required to bring your birth certificate as proof of age, identification cards, death certificate of a former spouse if widowed, annulment or divorce decree if previously married, and results of any blood tests or health examinations. Proof of U.S. citizenship also may be necessary. Call your local marriage licensing bureau first to save time and frustration.

If you plan to wed someone who is a citizen of another country, be aware of immigration laws. According to Immigration and Naturalization Service (INS) statistics, Americans are marrying foreigners at the rate of almost 200,000 a year, and more than 2.3 million international couples have married and settled in the United States in the last two decades. Once married, the immigrant spouse must stay married to and reside with a U.S. citizen for three years before the naturalization process can begin. Be careful about violating immigration laws or else you and your non-American spouse can be legally separated by deportation. Contact the INS for more information about these issues and other international marriage laws.

If you plan to wed outside of the United States, contact the consulate or embassy of that country for specific marriage requirements. Some Latin American countries recognize a civil wedding ceremony, but for the marriage to be blessed, couples must have an additional wedding ceremony in a church.

Name Changes

Unlike most Anglo-American brides who generally drop their own surnames and adopt that of their grooms, Latina brides traditionally keep their maiden names as their middle names and add their groom's name. Cultural anthropologists note that this practice has helped to maintain and honor the matrilineal heritage of Latino culture. **Name changes vary among Latin American cultures.** When married names are combined with saints' names given at baptism and christening and other extra monikers, Spanish names can become very lengthy.

Some Latino grooms formally carry the maiden name of their mothers. For example, the author's father's name is Domingo Viernes Bautista (Viernes is his mother's maiden name); when he married the author's mother, Elisa de la Vega Ramos (de la Vega is her mother's maiden name), her married name became Elisa Ramos Bautista. Their son (the author's brother) is named Dennis Juan (confirmation name) Ramos (mother's maiden name) Bautista (surname).

Here are more specific examples using Agápito Bautista and Raymunda Viernes (the author's paternal grandparents' names) and Fortunato Ramos and Felicidad de la Vega (the author's maternal grandparents' names).

 With or without hyphenating, you may add your husband's family name to yours and keep your maiden name as a middle name. Written as *Mrs. Raymunda Viernes Bautista* and *Mrs. Felicidad de la Vega Ramos*, and legally recognized as *Mrs. Raymunda V. Bautista* and *Mrs. Felicidad D. Ramos;*

Following Spanish grammar patterns, you may add your name as a modifier after that of your husband. Written as *Mrs. Raymunda Bautista Viernes* and *Mrs. Felicidad Ramos de la Vega*, and legally recognized as *Mrs. Raymunda Bautista* and *Mrs. Felicidad Ramos*;

 Using the prepositions "of" or "from" (*de*) as a heritage derivative, you may add his name to yours. Written as *Mrs. Raymunda Viernes de Bautista* and *Mrs. Felicidad de la Vega de Ramos*, and legally recognized as *Mrs. Raymunda Bautista* and *Mrs. Felicidad Ramos*.

Religious Preparation

Divorce statistics reflect society's indifferent attitude toward the marriage bond. Religious premarital counseling exists to reaffirm that commitment to one person for life should be taken seriously.

Moreover, in some Latin American countries, the civil marriage must be solemnized in church, especially for Christians (Catholics and Protestants). If you are planning a religious wedding ceremony, premarital counseling is recommended if not required, and certain religious preparations need to be fulfilled before your wedding can take place.

Catholic. According to *The Catholic Wedding Book* (Paulist Press, 1988), it is difficult to be married in a Catholic church without at least three months' advanced notice. The time between your request to marry and the actual ceremony is not a waiting period but a preparation period. To Catholics, marriage is a holy sacrament instituted by God. Because within the Catholic faith you only go around once where marriage is concerned, it is the duty of the Church to see to it that you are well prepared to make this permanent commitment. Catholic couples are often required to attend programs such as Engaged Encounter™ or Evenings for the Engaged™, but marriage preparation varies in form and content depending on what is offered in the area where you live. Your options may range from spending a weekend at a retreat house to being counseled by your pastor for a few hours.

Catholics are also required to complete a lot of paperwork before they get to the altar. The paperwork helps insure that both parties are free to marry and makes clear the seriousness of the commitment. At a minimum, when you visit with your priest bring a copy of your baptismal and confirmation papers. You may be required to complete additional and extensive paperwork if one of you is not Catholic, if either of you was previously married, or if you want to hold your ceremony outside the Catholic Church. In the case of a previous marriage, bring annulment, divorce, or death decree papers. Dispensations may be granted for these and other circumstances, but consult your priest.

Protestant. Protestants consider marriage a sacred institution but not a holy sacrament. Within the various denominations and churches, religious preparation and waiting periods for marriage may differ. The ceremony officiant will clarify what documents are needed and what steps must be taken before your wedding can take place—whether it be informal premarital counseling sessions with the minister or married lay people, or attendance of the church's more structured engagement programs.

Jewish, Muslim, and Interfaith Couples. Consult your rabbi, imam, or officiant about specific religious preparations. Although premarital counseling may not be specifically required, it is beneficial nonetheless. Regardless of religious background, couples should discuss these important preparatory rituals. Also talk to the officiant about bilingual (Spanish-English) services; fees; rehearsal procedures; any restrictions on the wording of vows, dress codes, readings and music selections, and decorations; order or schedule of the ceremony; possibly co-officiating an interfaith marriage; and your wish to incorporate Latino traditions and customs.

Religious preparation helps you and your future spouse address issues that may arise in your marriage, encourages communication, and impresses upon you both the importance of commitment: till death—not divorce—do you part.

The Wedding Entourage

Quintessentially, you are the king and queen of your wedding day, and you deserve a court—your wedding entourage. Also known as the bridal party, the entourage doesn't have to include fourteen couples as there are in *quinceañeras*, Latino girls' fifteenth birthday parties, but a large entourage is common in Latino weddings. Members of a wedding entourage typically include the bride's attendants (maid or matron of honor and bridesmaids), groom's attendants (best man and ushers), and children as pages (flower girl and ring bearer). In Latino weddings, the entourage also includes the godparent-sponsors (*padrinos*).

Deciding who will be in your entourage should not be as difficult as deciding who to include on your wedding guest list. You and your spouse-to-be should choose attendants from among your siblings, relatives, and closest friends who have given and will continue to give their true and loving friendship. Don't feel obligated to ask anyone because you were in their entourage, are related to them, or owe them a favor; nor do you have to pair couples equally, although Latinos prefer such balance for listing names and for the processional.

The usual responsibilities of the attendants include paying for their own attire (although this may be provided by the bride and groom); assisting in any prewedding planning, errands, or activities; hosting parties and celebrations; and standing at your side at the ceremony. The honor attendants, the matron or maid of honor and best man, usually hold the wedding rings and sign as witnesses on your marriage license and certificate, although others may be entrusted with these responsibilities. The bride's honor attendant tends to the bride's veil, train, and bouquet; the groom's attendant gives the fees to the appropriate people and proposes a toast at the reception. Ushers escort guests to their seats at the ceremony. Let all your attendants know what other wedding-related tasks are expected of them so they are aware of when you most need their help.

Choose pages from among your younger siblings, nieces, nephews, cousins, godchildren, or your own children. Adorable as they may be, make sure they are not so young that they shy away from their roles when spotlighted. Older children may serve as junior attendants if they are between the ages of ten and sixteen. Flower girls and ring bearers are usually between the ages of four and eight. The flower girl carries a miniature bouquet or a basket of flower petals which she scatters along the aisle before the bride marches down to meet her groom at the altar; the ring bearer holds a special pillow with the wedding bands fastened securely. It's a good idea to use decorative rings to ease any worry that this little boy will get too excited on your special day and lose the real ones! Prepare these young members of the entourage. Talk to them about their important roles, explain expectations, encourage them to behave appropriately, and coax them gently if they are reluctant to participate in such a large event.

Choose godparent-sponsors (*padrinos*) from among those people who have played an important role in your life or have set good examples in their own marriages. Unmarried sponsors, usually paired with a counterpart, may also be chosen. Avoid choosing your sponsors for reasons such as family pressures or their status in the community.

The duties assigned your sponsors vary according to the role they play in your wedding, whether they contribute money for the festivities or are responsible for presenting items—such as the veil, cord, or other sponsored gifts—or perform other special duties for your wedding. These include paying for the mass or service, rings, coins, cord or rosary, flowers, Bible or prayer book, music, invitations, photography, toasting glasses, cake, and any other wedding item that could be sponsored.

Compadrazgo

Colonists who settled in the New World lived far away from their families in Spain and sometimes needed non-related guardians for their children in case the parents became incapable of raising them. Thus the *compadrazgo* (co-parenthood) system developed as an extended family support network.

Partly religious and partly traditional in origin, this practice of selecting godparents for events such as baptisms and weddings has given people of Spanish descent an assured sense of mutual responsibility and strong community identity.

Because in the Latino culture it is considered an honor to be chosen and an insult to decline these positions, the bride and groom must be sensitive to the financial situation of those chosen. Those you'd like to serve as sponsors may sincerely want to help you but cannot afford to, so consider asking them to read Scriptures during the ceremony, attend to the guest book and gifts, or perform other special duties for your wedding.

As you choose your entourage, remember that your Latino wedding is a family affair and is successful when everyone involved kindly cooperates with each other and enjoys every moment of the event.

Wedding Attire

Ropas para la boda

No pun intended, but there's bound to be a wedding outfit that suits the bride. Just page through the thick bridal magazines, including *Latina Bride,* and you'll find numerous styles and designs of the latest bridal fashions.

Spanish brides of yesteryear chose simple wedding clothing. Peasant women wore a black silk dress—to symbolize their devotion to their grooms till death do they part—draped with a *mantilla* (shawl-like veil) and *azahares* (orange blossoms) in their hair.

White became the popular color choice for bridal gowns worldwide when England's Queen Victoria wore white at her royal wedding in 1840. Spanish brides followed suit; their full, lacy, ruffled *flamenco*-style dresses were modified to serve as bridal gowns. This style still has an influence on traditional *quinceañera* dresses today.

You may choose from among the different shades of white for your bridal gown—pure-bright, natural or matte, "candlelight" or "diamond" white, ecru, or ivory—depending on your preferences and whether your skin tone is fair, olive, tan, or dark. Pastel gowns are also available for a non-traditional look.

Your bridal gown should reflect the overall style of your wedding, flatter your figure, complement your personality, and be within your budget. In choosing a gown, comply with religious guidelines and social etiquette regarding wedding attire. The bride might choose to wear an heirloom gown, purchase a gown from a bridal salon, or have a dress tailor-made.

Brides in northeast Brazil sometimes have their gowns handcrafted with bobbin lace and wear a veil decorated with a combination of dried and porcelain flowers. For your American wedding gown, the fabric choices include satin, taffeta, silk, brocade, moire, chiffon, or organza, and the embellishments include lace, pearls, sequins, rhinestones, embroidery, covered buttons, braiding, beadwork, bows, or flowers. Decide which neckline, sleeves, bodice/waistlines, skirt hems, and train lengths are flattering by studying your favorite advertisements in the magazines or sewing patterns from a catalog. Take along your matron or maid of honor and try on dresses at various shops to see which designs are most flattering, then narrow down your choices. Consider a gown with a detachable train or bustle so that you can move around easily after the ceremony. Remember to include the price of alterations, cleaning and pressing, and gown preservation in the cost.

With limitless possibilities—from a simple cool, gauze-cotton embroidered dress (*vestido*) to a full, lacy, ruffled *flamenco*-style bridal ball gown—the dress you choose should set you apart from all the other women attending your Latino wedding.

The headpiece and veil will complete your bridal look and be your crowning glory. Again a variety of styles, such as headbands, wreaths, caps, bows, hats, and poufs, are available. Brides dressed in the classic Latino style wear a *mantilla* that completely covers the face as a symbol of purity. Sometimes the veil is attached to a *peinetta*, a large, upright comb that sits atop an elegantly coiffured hair bun. Contemporary Latina brides often choose to wear a tiara (*la corona*). These headpieces are made of precious jewels or crystals, glass, or iridescent or pearl beads, and Latinos take great pride in the craftsmanship. Tiaras can be quite expensive and may be passed down from one generation to another. Following the tradition of the *mantilla* face covering, a blusher or face veil is attached to the tiara for modesty. Lifting the veil from the bride's face is an optional but romantic gesture when the groom kisses the bride at the end of the ceremony.

Don't forget your jewelry, handkerchief, hosiery, garter, gloves, and other accessories. If you are not wearing a form-fitting sheath or mermaid-style dress, you may need a petticoat or crinoline to add fullness underneath your ball gown. Walk down the aisle in comfortable yet fashionable shoes. You are not limited to pumps; you may choose ballerina slippers, boots, sneakers, or sandals. For a honeymoon surprise, complete your bridalwear shopping by purchasing sexy undergarments available at lingerie shops.

For the Groom

A properly attired Latino groom looks ever so dashing and strikingly handsome. Although formal and updated *guayaberas* and some *bolero*-style jackets (short-waisted coats made popular by matadors and folk entertainers) are attractive at traditional Latino weddings, tuxedos and suits are currently the attire of choice. Visit a formalwear shop for men and browse through the catalogs for particular styles, colors, and prices. Consult with the tuxedo specialist or sales representative about what clothing (formal or informal) is proper for what time of day, accessories (such as tie, shoes, vest, suspenders, cummerbund, studs, and handkerchief), fitting and adjustments, pickup and delivery, late-return charges, cleaning, and discounts. Your bride may indicate her preferences about your attire and "look" for the ceremony. Be prepared to listen to her opinion.

For the Attendants

A color-coordinated, fashionable entourage standing alongside you at the altar completes your wedding look. Dressing the groom's attendants is not as difficult as outfitting the bride's. The men in the entourage can simply match the style of the groom, who then may wear a different color tuxedo or suit, bow tie, or vest (usually white), and boutonniere. When renting the groom's attendants' outfits, check the store's policies and fees, discounts, late rentals, deposits and additional charges, accessories, and fittings.

For the bride's attendants' attire, take into account varying personal preferences, figure types, range of budgets, and whether the dress can be worn again. In the traditional Latino wedding, bridesmaids wear red, but other colors may be chosen to match the wedding motif.

To ensure that you'll have pretty—and satisfied—maids all in a row at your wedding, talk with them about dress styles and price ranges. Look through wedding magazines and catalogs together, and narrow down your choices. Visit a bridal salon with a few of your attendants at a time to try on the favorites before making a final decision. Perhaps you'd like your honor attendant to be distinguished from the rest of your bridesmaids by wearing a slightly different design. For all your bridesmaids, don't forget accessories—hairpieces, jewelry, special undergarments, and shoes.

If the dresses will be purchased ready-made, inquire about ordering, alterations, and payments. The decision to have the dresses custom-made must be made at least six months before the wedding. Begin by collecting recommendations for designers from friends and family. Interview more than one designer and discuss your wedding motif in detail. Make sure you understand the level of service offered, the charges, and all elements of scheduling, including delivery date.

For the pages, many choose to follow the Latin-American tradition of dressing the children as miniature versions of the bride and groom. Just as often, the ring bearer is attired in a suit to match the groomsmen, while the flower girl wears a dress similar to the bridesmaids. Search formalwear shops, bridal salons, children's specialty clothing stores, or tailor shops for the childrens' wedding attire, taking into account your wedding style, their parents' budget, the ages of the children, ordering and buying policies, fitting appointments, and accessories.

For the Parents and Godparent-Sponsors

Because your parents and godparent-sponsors have important roles of honor at your wedding, it matters that they dress for their parts. The mother of the bride usually chooses her dress to match the theme colors of the wedding, or sometimes, to complement the shade of the bride's attendants' dresses. The mother of the groom takes her cue from the mother of the bride when selecting her dress, as do godmothers and other female sponsors. Fathers of the bride and groom wear tuxedos or suits similar to the groom's attendants. Godfathers and other male sponsors dress accordingly, or they may wear cultural clothes, such as a special-occasion *guayabera*.

The following chart will serve as a guide to selecting proper wedding attire. These are the recommendations of Weddings Beautiful Worldwide, a division of the National Bridal Service, and are based on Anglo-American etiquette.

Wedding Attire

WEDDING MEMBER	**Bride**

Formal Daytime
White, ivory or delicate pastel-tinted, floor-length wedding dress with a cathedral or a chapel (sweep) train. Long veil covering the train or extending to train length. Or ballroom dress with full skirt and optional sweep train. Bouquet or prayer book; shoes to match gown; long gloves with short-sleeved dresses, otherwise gloves are optional.

Formal Evening
Six o'clock is the hour that separates the formal evening wedding from the formal day wedding. Wedding dress is the same as for the daytime; fabrics and trimmings may be more elaborate.

Semiformal Daytime
White or pastel floor-length or ballerina dress. Veil is elbow length or shorter. Same accessories as formal wedding.

Semiformal Evening
Same as daytime. Fabrics or trim may be more elaborate.

Informal Daytime and Evening
White or pastel floor-length, ballerina, or tea-length dress or suit. Short veil or bridal-type hat. Small bouquet, corsage or prayer book. Gloves and contemporary shoes.

WEDDING MEMBER	**Groom, Groomsmen, Ring Bearer, Fathers, Godfathers, Sponsors**

Formal Daytime
Traditional: cutaway coat (either oxford gray or black) with striped trousers, gray waistcoat, wing-collared white shirt and a striped ascot.

Contemporary: black or gray contoured long or short jacket, striped trousers, wing-collared white shirt; gray vest (optional). Jacket in selection of colors, matching pants, and coordinating shirt.

Ultraformal: black tails, white tie and accessories.

Formal Evening
Traditional: black tuxedo or a dinner jacket, black striped trousers, coordinated vest or cummerbund, and bow tie.

Contemporary: contoured long or short jacket, matching trousers, wing-collared shirt, vest or cummerbund, bow tie.

Semiformal Daytime	*Traditional:* gray or black stroller, striped trousers, gray vest, white shirt, gray-and-white striped tie.
	Contemporary: formal suit in choice of color and styles, matching or contrasting trousers, white or colored shirt. Bow tie, vest or cummerbund.
Semiformal Evening	*Traditional:* dinner jacket, black trousers, vest or cummerbund, white dress shirt, bow tie. In warm weather, white or ivory jacket.
	Contemporary: formal suit (darker shades for fall and winter, lighter shades for spring and summer); matching or contrasting trousers. Bow tie to match vest or cummerbund.
Informal Daytime and Evening	Black, dark gray, or navy business suit. In summer, white or natural jacket, dark tropical worsted trousers; navy blazer, white flannel trousers, or white suit.

WEDDING MEMBER	**Bridesmaids, Flower Girl**
Formal Daytime	Floor-length, ballerina, or tea-length dresses; cap, hat, wreath, or decorative haircomb, with or without a short veil; gloves to complement length of sleeves; shoes to match or blend with dresses; honor attendant's dress may match or contrast with other attendants' dresses.
Formal Evening	Long or ballerina-length dresses; accessories same as daytime. Fabrics can be more elaborate.
Semiformal Daytime	Same as formal wedding, although style and fabric should be simplified.
Semiformal Evening	Long, ballerina, or tea-length dresses; accessories same as daytime. Fabrics may be more elaborate.
Informal Daytime and Evening	Same length dress as bride wears; however, if bride wears floor-length style, it is permissible for attendants to wear short dresses. Accessories should be simple and suitable to the ensemble.

WEDDING MEMBER	**Mothers, Godmothers, Sponsors**
Formal Daytime	Street-length dresses; small hats (optional), shoes, gloves, and corsage to harmonize. The mothers' ensembles should complement each other in regard to style, color, and length.
Formal Evening	Floor length or ankle-length dresses, small head covering; dressy accessories—furs, jewelry.
Semiformal Daytime	Same as for formal wedding.
Semiformal Evening	Same as for formal wedding.
Informal Daytime and Evening	Street-length dress or suit ensemble.

Wedding Essentials

Cosas necesarias para la boda

Whether large or small, every wedding requires a guest list, invitations and other wedding stationery, flowers, music and dancing, photography, and transportation arrangements.

Guest List

Because marriage not only unites you and your future spouse but both your families (immediate and extended) and even your friends, you'll probably end up with more names on your list than you ever anticipated. Compiling a guest list is vital to managing these numbers.

Consult your spouse-to-be and both sets of parents and make two guest lists: a priority list and an alternate list. Those on the priority list include members of your immediate and extended families, godparent-sponsors, people in your entourage (it is courteous but not obligatory to extend an invitation to their families), best friends, and co-workers or business associates. Count families instead of individuals when determining the final count for your wedding invitations. Those guests not on the priority list are placed on the alternate or announcement list; they may be invited if someone on the priority list is unable to attend, or they may receive a wedding announcement.

You are neither obligated to invite the escorts of single guests nor expected to have children at your wedding. Attendance is by invitation only. Therefore, when addressing invitations, list all the names of the people you want to attend. For example, if you want to invite couples only, then write formally on the outer envelope "Mr. and Mrs. Carlos Montoya Ramirez," and write on the inner envelope "Mr. and Mrs. Ramirez" or "Uncle Carlos and Aunt Rita." If you are inviting the entire family, then write formally on the outer envelope "Mr. and Mrs. Carlos Montoya Ramirez," and write on the inner envelope "Mr. and Mrs. Ramirez, María, Juan, and Carlito." It is considered improper etiquette to add "and Family" on the outer envelope, but acceptable on the inner envelope when you don't know all the names of the young children. Consult etiquette books for specific instructions on addressing formal wedding invitations.

Include stamped response cards with the invitations so you will know who is planning to attend. Even if you have taken all of the necessary precautions to manage the guest list, be prepared for uninvited people "crashing" your party. It may be an awkward situation at the moment, but honor the Latino tradition of hospitality: Smile and accept the uninvited guests, especially if they are part of your extended family. Remember to add a few extra settings when you give the final count for your reception to the caterer, just in case.

Refining the guest list and deciding who will and who will not be on it can be stressful. Begin working on your guest list as soon as the wedding date is set. Keep the communication open and both sets of parents informed as the list takes shape. Be sensitive to the suggestions and wishes of family members, but it is the wedding couple who in the end decides who attends. The situation with the guest list can become so complicated—and the risk of hurt feelings so high—it may even cross your mind to elope. Don't. Although it is true that you need only two witnesses to sign the marriage certificate, having a wedding confirms your new status as husband and wife within the community.

Invitations

Set the tone for your wedding by sending traditional Latino-style invitations. Because both the bride's and groom's parents host the wedding, the names of both sets of parents appear on the invitation. The bride's parents are named on the top left side of the card, and the groom's are named on the top right side. The wording continues downward and

Fortunato Ramos
and
Felicidad de la Vega Ramos
invite you to the Nuptial Mass
at which their daughter
Maria Elisa
will be united through the Sacrament of Holy Matrimony to
Domingo Juan

Agapito Bautista
and
Raymunda Viernes Bautista
invite you to the Nuptial Mass
at which their son
Domingo Juan
Maria Elisa

on Saturday, the ninth of October
in the year of our Lord Jesus Christ
two thousand and five
at twelve o'clock noon
San Fernando Cathedral
San Antonio, Texas

Wedding invitation in "Y" format

joins in the middle where common information, such as date, time, and place, is given; this is known as "Y" format, or staggered type. You can print your message in Spanish with English translations, or vice versa. In the example reproduced above, shading is used to emphasize the distinct "Y" format.

Many Latino wedding invitations sent today resemble Anglo-American invitations. The "Y" format is replaced by standard vertical layout, but both sets of parents are listed as the hosts of the wedding, as shown in the example. Consider

Cesar Castillo Osorio
Lois Fuden de Castillo
y
Hiram Amundaray Zeno
Lydia Rivera de Amundaray
tienen el honor de invitarle
al matrimonio de sus hijos
Maria Virginia
y
Francisco Antonio
el viernes 18 julio de 2005
a las siete y treinta de la noche
en la Iglesia San Ramón Nonato
Maracaibo, Venezuela

RSVP
Telefono 555-1234

Wedding invitation in standard vertical layout

Wedding invitation in modified "Y" format listing the bridal party

mailing identical copies of the invitations in Spanish and in English.

The wording on the invitation will vary in certain situations—if the bride's family issues the invitation as is the common Anglo-American custom, if the bride and groom host their own wedding, if names from divorces or remarriages are to appear on the invitations, or if a double wedding will take place. Often the printer's catalog of samples will provide some guidelines for appropriate wording. For additional help, seek the advice of a wedding consultant, the sales representative assisting you with your invitation orders, or a book of standard etiquette.

Padrinos

Velo	Sr. Pepito Castillo y Sra.	
Corona y Buqué	Sr. Pablo Parayno y Sra.	
Brazalete	Sr. Ferdinan Carlos y Sra.	
Anillo	Sr. Manuel Nicolas y Sra.	
Pastel	Srta. Maria Concepción Guint Cruz	
Invitaciones	Sr. Roberto Negron y Sra.	
Iglesia	Sra. Josefina Vda. de Ramos	
Música	Sr. Antonio Santos Ceveira	
Albúm	Srta. Lilia Coronado	
Copas	Srta. Carlota Ayer	
Baile	Sr. Gomez Salcedo y Sra.	
Cuchillo	Srta. Florita Zarate	
Fotografías	Sr. Ricardo Viernes y Sra.	

Sr. Daniel L. Acosta y Sra.
y
Dr. Florencio B. Madarcos y Sra.
Participan en el enlace matrimonial
de sus hijos
Magdalena
y
Felipe
que tendrá verificativo
el viernes, 31 de enero de 2005
a las 2:00 p.m.
St. Elmo's Catholic Church
9627 Eastern Drive
Nogales, Arizona

Wedding invitation in standard vertical layout listing the bridal party

A Latino wedding invitation lists the names of the entourage members and godparent-sponsors. Instead of including all their names in the invitation, you can use a separate special insert. Often printed on tissue-like paper, this insert gives recognition to those who offer you emotional and financial support at your life's rite of passage. The insert sample shown here can be adapted vertically or horizontally.

Other inserts that can add to the bulk and postage costs of your invitation include reception announcements, maps and directions, reserved seating and parking stubs,

Padrinos de la boda de
Elena Carmen Zavala y Guillermo Vargas
May 1, 2005

Velación: Sr. Elmino Mariposa y Sra.
Anillos: Sr. Samuel Gomez
Arras: Sr. Lucas Cerveza
Lazo: Srta. Juanita Vasquez
Ramo: Sr. Paulo Garcia y Sra.
Libro y Rosario: Sr. Antonio Pedro y Sra.
Flores: Sr. Timoteo Romano
Música: Sr. Oscar de los Reyes y Sra.
Invitaciones: Sr. Mauricio Carrere y Sra.
Recuerdos: Sr. Roberto Sanchez y Sra.
Fotografías: Sr. Javier Montana y Sra.
Video: Sr. Esai Morales
Albúm: Srta. Isabella Martinez
Copas: Sr. Miguel Garcia y Sra.
Brindis: Sr. Mario de la Cruz y Sra.
Pastel: Sr. Sergio Mendes y Sra.
Cuchillo y Pala: Sr. Pablo Rios y Sra.

Special insert to wedding invitation

"at home" cards to inform guests of your address after the wedding, and response cards. Response cards are a gracious way to encourage guests to respond by a certain date; they are traditionally smaller than the invitation and include a preaddressed, stamped envelope. An innovative

> The favor of a reply is requested
>
> on or before August 23, 2005
>
> Name(s) _____
>
> _____ persons will attend

Response card requiring a preaddressed stamped envelope

> Kindly respond on or before
>
> April 20, 2005
>
> M _____
>
> Number attending ____
>
> Sorry, cannot attend ____
>
> Stamp
>
> The Rivera Family
> 123 Main Street
> Miami, FL 45678

Response postcard

alternative is a stamped response postcard.

Because of the format and large amount of information and the horizontal orientation, the invitation is larger than traditional invitations. Extra postage is required, especially if you plan to include special inserts. Printers may also charge an additional setup fee for laying out your invitation in the "Y" format and for typesetting in Spanish.

The paper and special designs chosen for your invitation will also affect the price. Ivory or ecru invitations are traditionally elegant, although a wide variety of designs, including invitations incorporating photos and ribbons, are available through local stationery and gift shops, bridal salons, mail-order catalogs, and some specialty printers. Browse

> *Pedro y Erlinda Ramírez*
> *se complacen en anunciar*
> *el matrimonio de su hija*
> *María Ana*
> *a*
> *Raúl González*
>
> *Liberato y Rosa González*
> *se complacen en anunciar*
> *el matrimonio de su hijo*
> *Raul*
> *a*
> *María Ana Ramírez*
>
> *El sábado primero de junio del*
> *Dos mil cinco*
> *En la Iglesia Saint Francis Xavier*
> *Jajome, Cavey*
> *Puerto Rico*

Wedding announcement in "Y" format

through the assortment of samples in the albums to get ideas, while keeping in mind the degree of formality, color schemes, and motifs that consistently express your Latino style.

To share your good news with people who are not invited to the wedding, send wedding announcements postmarked on the day you marry. Although the wording will change somewhat, keep the design consistent with your invitations, either the "Y" format or standard vertical layout, following the examples here.

Souvenir wedding programs provide for your guests an explanation of all the symbolism (see Chapter 5) in your Latino wedding. Programs can be ordered from invitation catalogs or print shops, or you can create your own by using a

> *Doctor Carlos Moreno*
> *Estrella Moreno Aragon*
> *and*
> *Reverend Jorge Cruz*
> *Rosario Cruz Guinto*
> *announce the wedding of*
> *their children*
> *Lourdes Maria*
> *and*
> *Rodrigo Felipe*
> *on the fourteenth of February*
> *in the Year of Our Lord*
> *Two thousand and one*
> *First Christian Church*
> *713 West Place*
> *Reno, Nevada*

Wedding announcement in vertical layout

desktop publishing program on your computer. Alternatively, you can type the program or write it in calligraphy, copy it on parchment or classic paper, roll it in scrolls, and secure it with a decorative ring or tie it with curling ribbons in the same color scheme as your wedding.

Wedding Stationery Guidelines

- Inform your parents and godparent-sponsors of your design choice and work within your budget.

- Compare prices—you might find the same or similar invitations in another company's album or catalog at a lower cost.

- Response postcards used instead of response cards with envelopes require less postage and are cheaper to print.

- Colored ink, lined inner envelopes, preprinted return addresses on the outer envelope, and sealing stickers will add extra charges to the price of your order.

- Plan to purchase thank-you notes, social stationery, place cards, wedding programs, decorative marriage certificate, napkins, and imprinted favors along with your invitations.

- Understand all ordering instructions and payment terms before making your purchase. Get all terms in writing.

- Order a few extra invitations for keepsakes, mistakes, and "forgotten" guests.

- Proofread your order form for spelling, including Spanish accent marks or *tildes*. Have at least one other person proofread the order form.

- Assemble and address your invitations according to etiquette guidelines. Spell names correctly, use proper titles such as Doctor, Reverend, and Captain, and check for correct zip codes.

- Be sure that you have adequate postage on the outer envelope. Stamp all response card envelopes or postcards.

- Mail invitations at least eight weeks in advance to allow ample time for responses.

- Update your guest list(s) as responses are received. An index card file or spreadsheet can help with recordkeeping.

Flowers

In medieval Spain, wedding flowers were chosen more for their symbolic meaning than for decoration. Brides carried bunches of herbs  and grooms wore sprigs of herbs to symbolize fidelity and fertility. Aromatic rosemary and even garlic were used in bouquets to ward off evil spirits jealous of the happiness at the wedding.

Later, the orange blossom (*azahar*) became a popular bridal flower, first in Spain, then in France and America. Brides wore orange blossom flowerets molded in wax when fresh blossoms were not available. The symbolism is significant: The orange tree is one of the few in all nature that bears flowers and fruit at the same time—a symbol of the young and fruitful couple. The tree itself is evergreen, symbolizing the everlasting and unchanging nature of the newlyweds' love for each other.

The symbolism carried by flowers can have negative cultural connotations. In Spain, for example, dahlias and chrysanthemums are associated with death. In Mexico, yellow flowers are associated with death, purple flowers are for funerals, red flowers cast spells, and white ones lift them. In Guatemala, white flowers are for funerals, and in Chile, yellow flowers mean contempt.

Today roses in all their varieties are the favorite wedding flower. Because of their beauty and availability, roses are a good choice. In

addition to the arrangements of roses, add a Latin touch
by incorporating the national and native flowers
of Spain or Latin America. Choose the lily leek
and miniature daffodil from Spain, bush violet
from Brazil, dahlia and yellow cosmos from
Mexico, the spider flower from Colombia,
tuberose begonia from Venezuela, spring starflower
from Argentina, the copihue and butterfly flower from
Chile, or the traditional Spanish *azahar*.

In the southwest United States and some parts of Mexico, the
Latina-Catholic bride places a special bouquet at the feet of Our Lady of
Guadalupe at the beginning of the ceremony. It was in Guadalupe,
Mexico, in December 1531, where the Marian apparitions took place. In
1945, Pope Pius XII proclaimed Our Lady of Guadalupe the patron
Madonna over the Americas.

Latina-Catholic brides in other parts of the United States also place
a bouquet at the feet of the Virgin Mary as a thanksgiving offering or as
a prayer request to follow her life's holy example. Therefore, Latina-
Catholic brides may need three bouquets: One to carry, one to toss at
the reception, and a third to place at the feet of the Virgin Mary or Our
Lady of Guadalupe.

Make a list of all flowers needed, keeping in mind altar decorations, reception decorations and table centerpieces, pew markers, and garlands. Select flowers for bridesmaids, mothers, godmother-sponsors, and other special women at your wedding. Order a boutonniere for the groom to match the bride's flowers. Get additional boutonnieres for the grooms-men, father, godfather-sponsors, and other honored men. Choose complementary flowers for the ceremony and reception sites. If the church allows, recycle some flowers by using the ceremony arrangements as decorations at the reception site.

Wedding Flowers

- In a Latino wedding the bridal bouquet is often replaced by a floral-decorated Bible or prayer book presented to the bride by the godparent-sponsors.

- Flowers are presented to the godparent-sponsors and mothers of the bridal couple at the ceremony to honor them.

- Prepare a dainty basket with petals for the flower girl to scatter if she is not carrying a miniature bouquet.

- Place two roses on a pillow and later present them to the mothers of the bride and groom in appreciation for giving the couple life and love.

- Use a lace fan as a backdrop to your floral bouquets to emphasize the Latino theme.

- Choose the bridal bouquet in proportion to your size. A large bouquet may overpower a petite frame, and a small bouquet will be lost amidst a fancy wedding gown.

- Follow a Mexican practice and hang garlands of flowers and clay flower pots (*cazuelas*) over the bride's door before the wedding as a nice surprise.

- Reserve floral arrangements at least six months before the wedding, and one year before the wedding if your choices are difficult to import, you have chosen unusual arrangements, or your wedding day falls near a major holiday, such as Mother's Day, or Valentine's Day.

- Consider silk flowers as well as fresh-cut flowers, or a combination of silk and fresh. Discuss this with the florist.

- Have a budget in mind before visiting floral shops.

- Work with an experienced wedding florist. Begin with the florist's portfolio, discuss your preferences, budget, and the level of service offered by the shop. Negotiate the contract, including schedule, final and inclusive price, and cancellation fees.

- Preserve fresh flowers from your bouquet as a keepsake. Your florist can recommend someone skilled in flower preservation.

Photography and Videography

A picture is worth a thousand words—in English or Spanish! Photographs and videos break the language barrier as they capture, communicate, and translate all the emotions of your wedding day. With the technology available today, even distant relatives can enjoy scenes of your wedding instantly through the Internet.

Hiring a competent photographer and videographer is essential to have a complete record of your special day. A friend or relative may charge less, they may even be professional, but photographing a wedding is hard work and the person who does the photography cannot enjoy the celebration. Use your network of family and friends to collect names of recommended photographers. You may find the right photographer through advertising or the Yellow Pages®; regardless of the source, check both the photographer's name and the business name with the Better Business Bureau® for complaints on file. Visit several studios to look through sample wedding albums. Ask the photographers you interview about their first-hand knowledge of Latino weddings; they have seen many, many weddings and are an overlooked resource for ideas. Collect notes and price lists from all visits.

After you have chosen a photographer and videographer whose prices, workmanship and standards, and personality suit you, negotiate the contract. Include in the contract all fees, discount schedules for package deals, services and protocol, uniform and dress codes, location setup fees, special photofinishing and video effects, equipment and crew, image preservation such as acid-free album pages and extra video copies. Also include in the contract a date when proofs or negatives and master tapes will be ready. Ask about reservation and cancellation policies and liability for lost images.

Well before the wedding, brief the photographer and videographer about the posed and candid shots that must be taken. Make a list of these must-have shots, and provide the photographer with a schedule of wedding activities from start to finish and a list of people in the wedding party who will be available to help.

Following an Anglo-American custom, Latino couples often have an engagement photograph made. Latina brides sometimes have their formal bridal portrait made ahead of time so that it can be displayed at the reception. This is not always done because of cultural superstitions about wearing and being seen in their complete ensemble before the actual wedding day. Having the wedding portrait made in advance adds extra cost and can take away from the romantic anticipation of the groom's first glimpse of his beautiful wife-to-be as she walks toward him down the aisle.

Give disposable cameras as favors at the reception so guests can take candid shots. You'll have plenty of photos that you can then include with your thank-you notes.

Music and Dancing

Music and dancing can turn an ordinary gathering into an extraordinary party. Music provides a romantic ambiance to a solemn ceremony and a festive flair to a reception. The music for your ceremony should be discussed with the officiant. Some churches and synagogues object to any secular music, including the very traditional "Bridal Chorus from Lohengrin" by Richard Wagner and Felix Mendelssohn's "Wedding March." In that case, ask the music director to suggest sacred music appropriate for your ceremony. When you engage the services of an organist, pianist, choir, or soloist, expect to pay for their special contributions.

If your ceremony is held at the courthouse or other secular location, ask about restrictions on music and musicians. At a minimum, most sites will permit audio recordings.

For the reception, hire a disc jockey or a live band. Be sure to ask about all fees, including overtime, special setup and equipment requirements, their wedding attire, and musical selections. Ask specifically for Latino performers and music. Do not expect the dee-jay to

Ceremony Music

Ave Maria, P. Rubalcava, World Library Publications

Amar es Entregarse, traditional

Como Brates de Olivo, L. Deiss, World Library Publications

Desde este Momento, L. Florían, World Library Publications

Salmo 128, L. Florían, GIA Publications

En Cana de Galilea, C. Gabaráin, Oregon Catholic Press

double as the emcee at the reception; instead ask a friend to serve as emcee to make the necessary announcements.

Latino music at your reception can include steel drums, classical Spanish guitar, or the colorful presence of *mariachis*. The groom may want to follow a Spanish courtship custom of yesteryear and serenade his bride (*serenatas tradicionales*); perhaps she will reciprocate with her own beautiful ballad.

In Latino culture where there is music, there is dance and a wide array of dance styles. The *merengue, mambo, cha-cha, tango, salsa*, and *rumba* all could be part of the reception fun. You'll be ready to lead the way to the dance floor if you and your partner enroll in a few dance lessons or brush up on steps before your wedding.

Circle and line dances such as the *Macarena* and the *conga* are popular at Latino weddings. At wedding celebrations in Mexico, the guests form a heart and the newlyweds dance in the middle. Another Mexican wedding dance is the Snake Dance or *La Víbora*. Single women form a line and pass under the couple's clasped hands. When the music stops, one woman is "captured" in the newlywed's arms, much like the child's game, "London Bridge is Falling Down." The bride then gives her bouquet to the captured woman. The single men perform the same dance and, at its end, the groom removes the bride's garter and tosses it to either all the bachelors or just the one caught. In another version, the bride and groom stand on chairs, facing each other, and hold the groom's coat between them as an arch for the single women to dance under and around. When the music stops, the bride tosses her bouquet to the women.

Traditional and folk dances from other Latin countries include the *sardona* and *flamenco* from Spain; the *samba* from Brazil; the hat dance and Indian deer dance (*yaqui*) from Mexico; the *cueca* from Colombia and Chile; the *joroko* from Venezuela; and the *carnavalito* from Argentina.

A favorite Latino wedding dance is the dollar, or money, dance in which the bride and groom receive extra cash gifts from their guests. There are several variations of the dance. While the newlyweds dance to their favorite love songs, guests can:

- take the bride's and groom's shoes—or for *Tejanos*, the groom's boots—and pass them around to collect donations

- throw coins and dollars at the couple's feet

- pay the bride or groom for a dance

- line up to pin bills on the couple's clothing

- put money in small envelopes and give them to the groom who puts them in a special purse carried by his bride

- place bills between the lips of the groom or bride, who then passes the bills to the lips of their new spouse

The first dance of the celebration belongs to the newlyweds. Guests then follow the couple to the dance floor. In Latino etiquette it is considered rude for the bridal couple to leave the reception before their guests, so they stay through to the last dance. Your guests may be having so much fun they linger, but you can count on the closing time of the reception hall to end the festivities.

Transportation

A dramatic arrival and departure from your wedding create an unforgettable impression. The trip to the church is stately and quiet; the trip away from the church is riotous and exciting as horns honk and guests cheer joyously announcing to the world that you are "Just Married!" The wedding car is decorated with white flowers, followed by a caravan of entourage members in cars decorated in the wedding colors.

Modern couples are very creative when it comes to getaway vehicles. Stretch limousines, vintage cars, and luxury sport vehicles are popular. Other means of leaving the ceremony or reception include hot-air balloons, fire trucks, motorcycles, boats, helicopters, trolleys, and horse-drawn carriages.

If you are renting a limousine, you'll need to make arrangements six months before the wedding. When you visit the showroom, ask about minimum rental requirements, overtime charges, champagne packages, limitations on decorations, and tipping. Specify pickup and drop-off times when negotiating the final contract. Prepare maps, directions, and wedding schedule for the chauffeur(s). As with everything else, get all terms in writing.

If you use your own cars on your wedding day, have them cleaned, waxed, and filled with gas. Decorate the cars without compromising safety. Control access to your car if you don't want it decorated by a spontaneous and enthusiastic committee of well-wishers.

For a real royal treatment, line the walkway from the bride's door to the car and from the curb to the church with red carpeting rented from a local carpet store. *Luminarias* lining the way to the entrance for the ceremony or reception site are pretty and very Latino, but require special precautions. *Luminarias* are made by placing candles in paper bags that are weighted down by sand. **Warning:** Special care must be exercised when using lighted candles at ground level around children and flowing dresses.

After the reception, your honor attendants and/or the godparent-sponsors can be counted on to return rented items such as candelabra, kneeling benches, and large wedding decorations (for example, archways or columns), so you don't have to worry about such details.

The Ceremony

La Ceremonia

You have spent months waiting, planning, spending, coordinating, decorating, emoting, celebrating, and rehearsing for the long-awaited special day!

The ceremony is the heart of and the reason for all your preparations, and before you at this moment is the culmination of all your efforts. Here, together, you stand in a beautiful setting, glowing with happiness, surrounded by those you love looking on as you promise to love and honor each other.

Though you may have had daydreams (or sometimes nightmares) of your Latino-style wedding, be assured that, with your organization and preparation, everything will fall into place.

A Latino-Christian Wedding Ceremony

(Courtesy of Weddings Beautiful Worldwide)

- Candles are lit.

- Godparent-sponsors (*padrinos*) who are sponsoring the Bible are seated.

- *Padrinos* who are sponsoring coins are seated.

- *Padrinos* who are sponsoring cord are seated.

- *Padrinos* who are sponsoring wedding pillows place them where the couple will kneel, and are seated.

- Mother of the bride is escorted to her seat on the left arm of an usher.

- Mother of the groom is escorted to her seat on the left arm of an usher, and seated by her husband.

- Officiant, groom, and best man enter from the side.

- Bride's attendants enter, escorted by groom's attendants.

- Maid of honor enters.

- Flower girl and ring bearer enter.

- Bride enters on her father's left arm and walks down the aisle to processional music.

- Officiant welcomes all.

- Father of the bride "gives her away" and takes his seat next to his wife.

- Officiant offers blessings on the couple and on the day, and reads special selections chosen by the wedding couple.

- Soloist or musicians perform.

- *Padrinos* present Bible to the couple and return to their seats.

- *Padrinos* present coins in a treasure box to the couple and return to their seats; the groom takes the thirteen coins from the box and, as he repeats vows, places them, one by one, in the bride's hands. After receiving the coins, she passes them to her maid-of-honor for safe-keeping. In a variation of this custom, the *padrinos* offer the coins in a lace or satin pouch to the priest who blesses them and places them in the palm of the groom. The groom then presents the pouch to the bride, or pours the coins into her palms, who likewise returns them to him. He then gives them to the best man. The coins may be in gold or they may be gold-dipped Mexican, Spanish, American, or other Latin currency.

- Couple exchanges wedding rings and vows.

- Couple kneels on pillows for presentation of cord (*el lazo*); *padrinos* place the cord around the shoulders of the couple with the cross hanging in the center between the two. The godmother places the left loop over the bride while the godfather places the right loop over the groom.

- Couple remains kneeling for veil ceremony. The veil ceremony sometimes replaces the presentation of the cord.

- *Madrina* and *padrino* remain standing behind the couple while they receive communion. *Madrina* holds the *mantilla* away from the bride's face for the communion blessing and removal of the cord.

- Mothers of the bride and groom approach and light two small candles in the candelabra and pass them to the couple who in turn light the center candle together

- Groom lifts the *mantilla* and kisses the bride.

- Officiant gives final blessings and pronounces the couple husband and wife.

- Bride marches down aisle on the groom's left arm to appropriate recessional music.

- Entourage follows.

- A Colombian tradition holds that single women guests try to steal the groom's boutonniere after the recessional, before he gets to the reception. It is believed that whoever snatches it will be the next to marry.

Latino-Christian Wedding Symbolism

(Courtesy of Weddings Beautiful Worldwide)

- In Latino weddings, the gentleman always escorts the lady on his left arm because it puts her closest to his heart. In Anglo tradition, a gentleman escorts a lady on his right arm as if to protect her from horses, mud, or trash on the street.

- The mother of the bride is escorted to her seat before the mother of the groom, symbolizing that she is the main hostess of the wedding.

- Godparents present the couple with a Bible or prayer book to encourage them to pray. It is often a hardcover book with a pearlized finish or elaborately decorated with lace and pearl-trimmed satin and imprinted with the couple's names and the date of the wedding.

- The couple kneels for a blessing—a symbol of their humility before God—on a special pillow embroidered with a favorite sentiment, verse of Scripture, or the couple's names and wedding date.

- In the veil ceremony, godparent-sponsors drape the bride's veil over the shoulders of the groom while the couple kneels. A variation uses a specially designed shawl (*mantón* or *echarpe*) to cover the bride and groom's shoulders, symbolizing that although the couple may shoulder unexpected burdens in marriage, they will always be covered and protected by God's love.

- The cord (*el lazo*) is a fabric cord, a floral garland, or long rosary wrapped around the couple to bind them as husband and wife. *El lazo* is tied in a figure eight, the mathematical symbol of infinity, to symbolize forever and eternity.

- The thirteen coins (*arras* or *monedas*) presented to the bride by the groom symbolize the groom's commitment to take care of his bride and make his wealth hers. The passing of coins back and forth is a symbol of sharing worldly goods, for richer or for poorer. The number of coins—thirteen— is significant. In Catholic Spain the number *thirteen* represents Christ and his twelve apostles.

❀ The treasure box (*el cofre*) in which the coins are kept is often elaborate and reflects the status of the family. The box may be decorated with jewels, religious paintings, or pearls, or be gold-plated, and may be handed down from one generation to another. A lace or satin pouch, specially designed pillow, or handkerchief can also be used to hold the coins and even the wedding rings.

❀ Rings are exchanged to symbolize the strength and eternity of love. Latinos did not always exchange rings; for hundreds of years, Spanish brides wore a necklace made of the coins in place of a wedding ring.

❀ The roses placed on the kneeling pillows at the beginning of the ceremony are presented by the couple to their mothers to show appreciation for the mothers' gifts of life and love.

❀ The unity candle is lit to remind the couple that Jesus is the Light of the World. The couples' parents or mothers light the outer candles on a tri-candelabra. The couple then takes the candles lit by their parents from the candelabra and lights the middle candle together to symbolize the uniting of two families.

Provide your guests with a souvenir wedding program that explains all the special symbolism in your Latino-Christian wedding ceremony. Include the order of service, music lyrics, translation of Spanish or English as appropriate, and recognition of the members of the wedding party.

For civil, mixed marriage, and other kinds of ceremonies, consult the officiant about the order of ceremony appropriate for your circumstances. Envision, plan, and rehearse the ceremony. Discuss Latino traditions and customs with the officiant so that all will know what to expect on the day of the wedding. Write out the order of ceremony, refine and adjust it, and make copies for everyone with a role.

Latino-Christian Processional

Priest or Minister

Groom

Best Man

Groom's Father *(seated)*

Godmothers | Godfathers

carrying

Bible	*Bible*
Coins	*Coins*
Cord	*Cord*
Kneeling pillow	*Kneeling pillow*

| Bride's Mother | Usher |
| Groom's Mother | Usher |

Bridesmaids

Maid of Honor

 Flower Girl | Ring Bearer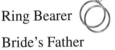

Bride | Bride's Father

Positions at Altar

Priest or Minister

Bride	Groom
Maid of Honor	Best Man
Flower Girl	Ring Bearer
Bridesmaids	Ushers

(seated) Bride's Parents | Groom's Parents *(seated)*

Godmothers | Godfathers

(seated until presentation of Bible, coins, and cord)

Latino-Christian Recessional

In Latino weddings, females are escorted on the male's left.

Godfathers ❀ Godmothers
....

Groom's Father ❀ Groom's Mother
....

Bride's Father ❀ Bride's Mother
....

Ushers ❀ Bridesmaids
....

Best Man ❀ Maid of Honor
....

Ring Bearer ❀ Flower Girl
....

followed by

Groom ❀ Bride
....

Reception

La Recepción

Latinos are infamous when it comes to partying, and your wedding is cause for major celebration. The wedding reception is the main event—*la fiesta grande*—that honors your just-married status. For your reception to be a success, all the details and logistics need careful attention.

viva eL amor

Planning the Party

Site. Locate a place that is private, accessible, and large enough to hold your reception. Don't limit yourself to a banquet hall or a hotel ballroom. Consider a yacht or cruise ship, garden park, historic hacienda or mansion, museum or art gallery, college campus facility, restaurant dining room, theater, sports arena, skating rink, beach, pool, or home. Reserve the date and time at least six months in advance of the wedding date.

Price. Ask about deposits for reserving the site, service charges, clean-up or overtime fees, tax and gratuities, and payment methods and schedules. Stay within budget, negotiate contracts, and make sure the contract spells everything out in writing.

Service. Inquire about the waitstaff, parking attendants, security, bartenders, and others servicing your reception. Make sure there are enough of them to provide the services requested. Let the site manager know if coordinating efforts with your other service vendors (caterer, baker, musicians, photographer and videographer, and florist) will be needed.

Receiving Line. Have a receiving line at your reception; it may be the only opportunity for you to greet your guests individually. In Latino custom, as in Anglo, the order of a receiving line traditionally begins with the bride's mother, then the groom's mother, bride, groom, maid of honor, and bridesmaids. Fathers of the newlyweds may or may not be included,

Receiving Line

Mother of bride
Father of bride
Mother of groom
Father of groom
Bride
Groom
Maid of Honor
Bridesmaids (oldest to youngest)

Receiving line is the same as in Anglo wedding except father's presence is optional

but if fathers are part of the receiving line, they stand to the left of their wives. Many Latinos do include their fathers in the line because of strong family values. Godparent-sponsors may be part of the receiving line, but this makes for a lengthy line, and so they are frequently omitted. Ushers are not part of the receiving line.

Seating Arrangements. Typically, the newlyweds and their attendants sit at a head table facing their guests. There are many variations to the head table seating arrangement, but the newlyweds always sit in the middle. The best man sits next to the bride while the maid of honor sits next to the groom. The rest of the attendants sit at the head table, alternating males and females. Another seating arrangement places the bride's attendants to her side and all the groom's attendants to his side, with their honor attendants sitting closest to the bride and groom.

The newlyweds' parents sit at a separate table, together or separately. The bride's parents' table may include her grandparents, and the groom's parents' table may include his grandparents. All godparent-sponsors may be seated together at a special table or with their own families.

Give special consideration to seating arrangements if any of the newlyweds' parents are divorced. Use place cards to let everyone, including the wedding party, know where to sit.

Menu. Enjoy a tremendous feast with an overabundance of food! For Latinos, serving only cake and punch is just not enough; they want a variety of hearty cuisine in massive quantities. Serve a sit-down meal or offer a buffet with food stations. Fill your wedding reception menu with traditional *fiesta* foods.

Latino Jews serve only kosher foods (no pork or shellfish) at the reception. Be careful not to serve meat and dairy products at the same meal. Jewish wedding feasts begin with the blessing, cutting, and sharing of a loaf of braided bread (*challah*) as a communal offering.

Latino Muslims also follow strict religious guidelines concerning food. *Halal* items are acceptable. For specific recipes on *fiesta*, kosher, and Muslim foods, search through cookbooks at the library or on the Internet.

Fiesta Foods

Appetizers (Tapas), First Courses, Soups, and Salads
- Meat-filled turnovers (*empanadas*)
- Fritters or fried snacks (*fritangas*)
- Tortilla chips (*tostaditos*) and salsa dips (including guacamole and *pico de gallo*)
- Salads and mixed vegetables (beans/*frijoles*, peppers, tomatoes, and corn)
- Chili with cheese (*chile con queso*) dishes
- Soups and rice
- Bite-sized sausage (*chorizo*) platters

Main Courses/Entrees
- Roasts (*asados, lechon*) or grilled meat (chicken, beef, and pork)
- Fajita and taco bar
- Enchiladas
- Tamales
- Beef tripe dish (*menudo*)
- *Paella*
- Fresh seafood—popular in coastal regions and in the Caribbean
- Chicken or turkey with *mole* sauce—adapted from *los indios*
- Veal or beef in chili broth (*birria*)—from Mexico

Desserts and Drinks
- Fresh fruits
- Plantains (*tostones*)
- *Sopapillas*
- *Bunuelos*
- Custard (*flan*)
- Cookies (*jarascas*) including bizcochitos/polvorones (recipe on p.11)
- Cake (*pastel*)
- Imported beers, alcoholic beverages, and coffees from Central and South America

Ask your family to prepare some heritage dishes for your guests if the site manager allows outside food to be brought to the reception. Make sure that there is enough food to feed the entire crowd, with ample leftovers.

Cake. Let the newlyweds eat cake to get a taste of the sweet life of marriage. Before ordering the wedding cake, visit several bakers. Your baker can decorate a delicious wedding cake with your flavors, colors, motif, and budget in mind to create the ultimate centerpiece. Visit a few bakeries for design ideas, including tiers, cake tops, fountains, or bridges. Slice the cake hand-in-hand with your spouse with a decorated knife and server. The waitstaff will cut the rest and distribute pieces to your guests.

For Latinos of Caribbean heritage, the traditional wedding cake is a fruitcake laced with rum. A lovely tradition from Bermuda has the cake topped with a tree sapling, which is later planted in honor of the newlyweds' growing love and life together. Modify an old Argentinean and Peruvian wedding cake custom in which the cake is decorated with multicolored ribbons (similar to Victorian and southern Anglo-American

Traditional Beverages

Argentina	Mate (a non-alcoholic drink)
Bolivia	Rum
Brazil	Cachaca
Chile	Pisco (grape liquor) or Chilean wine
Colombia	Aguardiente or rum
Costa Rica	Guaro or chirrite
Cuba	Rum
Ecuador	Chicha
El Salvador	Wine
Guatemala	Aguardiente
Honduras	Rum
Mexico	Tequila or pulque
Nicaragua	Chicha
Panama	Wine
Paraguay	Canna (local brandy)
Peru	Canna (grape-based brandy) or Pisco
Spain	Spanish wines or brandies
Uruguay	Grappa, canna, rum, or cognac
Venezuela	Rum

Latino Toasts

Argentina, Bolivia, Brazil
Salud (To your health!)

Colombia
Brindo por [names of the bride and groom] (I drink for [names of the bride and groom])

Mexico
Salud y tu amor (To your health and to your love!)

Spain
Salud, pesetas y amor...y tiempo para gozarlos (Health, money, and love...and time to enjoy them!)

Venezuela
A la salud (To your health!)

customs). One ribbon has a fake diamond ring attached. Before the cake is cut and served, single women at the reception pull out the ribbons. The one who gets the ribbon with the ring will marry within the year. If her marriage doesn't take place, tradition calls for the bride to throw a party in the girl's honor.

Toasts. The toast is a time for the wedding party to say what's in their hearts. Assign someone to propose the toast to the bride and groom. This duty usually falls to the best man. Keep the speech brief, tasteful, and sincere. Conclude with a Latino toast. Be sure to consider bilingual toasts. Be aware of the liquor laws in your area, the reception site's policies on alcohol consumption, religious and dietary restrictions, and any corkage fees. If you're not serving champagne, consider one of the preferred wines or spirits of Latin countries, as suggested in *The Complete Book of Wedding Toasts* by Diane Warner.

Decorations and Favors. Reinforce your wedding style at your reception with creative decorations. Flowers, balloons, bows, bells, and candles in your wedding color scheme enhance the festiveness of the party. Set up and decorate a separate table for the guest book and another for the gifts and cards. Fans (*abanicos*) are a popular Spanish and *folklorico* motif and could be used to design centerpieces; or fold napkins in a fan shape. Miniature sombreros are another fun and colorful idea. If children will be present at your wedding reception, amuse them with a *piñata* which you can make yourself or purchase from a party supply or craft store. Favors are distributed to guests as a parting memento of the wedding to thank them for attending. Favors also are a way to share the good luck of the wedding couple. Typical favors include candies (tied in tulle or placed on tiny porcelain dishes), matchbooks, notepads, rice

roses, perfume bottles, crocheted items, or your photograph in a small picture frame.

Another decoration and favor idea from Puerto Rico centers around a doll dressed as a bride. Tradition calls for placing ribbon favors (*capias*) on the doll's dress. During the reception, the bride removes these ribbon

Rice Photography

The Bride Doll with *capias* attached

favors from the doll and pins one on each of the wedding guests. The ribbons generally are printed with the bride's and groom's names and wedding date.

Schedule of Events. Discuss with your emcee the order of the reception by outlining a tentative timetable of activities. Include a program for guests at each table so they may follow along and look forward to the next special feature.

Wedding Reception Schedule

Arrival of guests, entourage, and the newlyweds

Formation of the receiving line

Welcome speech and prayers

Introduction of the entourage and newlyweds

Meal

Cake-cutting; toasts and other well-wishing announcements

Bouquet throw

Garter toss

Entertainment

Games

A brief "love history" of the couple

Dancing

Farewell

Honeymoon and Home
Luna de miel y el hogar

From the moment you answered "yes" to his proposal, until the time you both vowed "I do," your lives were in a constant whirlwind of activities focusing on the wedding. Finally, alone to relax with your new spouse, you are able to escape from this eventful period to renew yourselves and focus on each other. Your honeymoon can be the perfect ending to all the wedding festivities and the joyous beginning

of a happy marriage—if you plan your travels in advance.

Continue the Latino theme of your wedding by planning a "heritage honeymoon." Consider visiting the warm and sunny Latin isles in the Caribbean, exploring the ancient Aztec, Maya, and Incan civilizations and exotic tropical rain forests of Central and South America, or cruising along the Mediterranean coastline of Spain. Wherever you plan to travel, contact your travel agent or the destination's tourism office for initial ideas. Coordinate your wedding date with your honeymoon schedule, if possible, or it may work best to plan an anniversary trip to commemorate your first year; that way you both can have time off from work or school without the added pressures of the wedding.

Budget-conscious couples should avoid traveling during peak seasons. Check the fluctuating and competitive rates for air fares and cruise prices. Compare prices for hotels and car rentals. Use frequent flyer benefits and discount coupons. Consider a package tour. In addition to taking spending money in traveler's checks and credit cards, take cash for taxis, tips, and small purchases.

Make your travel arrangements at least six months in advance of your honeymoon. Set the departure time well after the ceremony to allow time to meet the flight. Confirm these arrangements again three months before travel and the week before your wedding.

Prior to departure have your passport updated and have any necessary immunizations. Make sure drug prescriptions have been filled, and buy motion sickness medication just in case.

A few days before the trip, check the news for weather updates, and pack for your trip.

Learn at least a bit of the language to give you an advantage in communicating. Make a list of activities you want to do together as a couple and those you will do on your own. Read travel books about your honeymoon destination and note any special precautions. Three days before the trip, check the news for weather updates and pack for your trip. Be prepared for some culture shock. Guard your money and valuables against theft as you would on any trip.

During your honeymoon, write postcards to your loved ones. Keep a travel journal or diary. Dine, shop, sightsee, relax, and enjoy each other's company. Dream about the future you will share together. Your honeymoon lasts a few days, but recall your wedding vows and be reminded that marriage spans a lifetime.

Thank-you Notes

Show your appreciation to all those people who have participated in your wedding by giving each individual special gifts during the prewedding parties. If you host a post-wedding gathering at your new residence, honor them again by bringing back some souvenirs from your heritage honeymoon. They'll appreciate your thoughtfulness and cherish the authentic Latino handicrafts from your trip.

Thank all of them, and your guests, by writing notes acknowledging the gifts you have received. Be diligent about writing these notes. Many people have extended themselves to help you prepare for this momentous occasion; it is only gracious to convey your appreciation in a heartfelt *gracias.* Personalize each card by neatly hand-writing your expression of gratitude. Include the date, salutation with the name of the gift-giver, a brief message that mentions the gift and how it will be used in your married life, and a closing. There are many books at your local library that can help you say the right thing. Two specialized books that may be helpful are: *Bride's Thank You Guide: Thank You Writing Made Easy* by Pamela A. Piljac and *The Bride's Guide to Writing Thank You Notes* by Laura Robbins.

Happily Ever After

When you return from your memorable honeymoon, you cross the threshold into a new marital status. Take time to adjust to each other and your new living arrangements. Write those thank-you notes promptly. Clean and preserve your wedding gown. Choose the proofs you'll want made into photos for your wedding album. Plan a romantic dinner to reminisce about your wedding day. Before you know it, you will be celebrating the first of many anniversaries.

The excitement of the wedding and honeymoon may be over, but with a positive attitude, humor, commitment, fidelity, trust, honesty, and communication, your relationship will be solid and healthy and your love will last. And as long as Latino traditions and customs are practiced, our heritage will not be forgotten. *Viva el amor!*

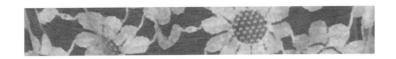

Glossary

abanico	fan
arras	the 13 coins exchanged between groom and bride in the wedding ceremony
azahar	orange blossom
capias	ribbons imprinted with the couple's name and wedding date, usually pinned on a bridal doll and given as favors
cazuela	clay flower pot
compadrazgo	co-parenthood; godparent system
compromiso	engagement
corona	tiara/crown; wedding headpiece
echarpe	shawl, stole
guayabera	loose, lightweight men's shirt with embroidery
lazo	a cord, rosary, or garland placed over the bride and groom's shoulders during the ceremony, symbolizing unity
luna de miel	honeymoon
madrina	godmother or female wedding sponsor
mantilla	lace shawl

mantón	shawl, stole
moneda	coin
novio, novia	groom, bride
padrino	godfather or male wedding sponsor; also refers to male and female wedding godparent-sponsors
pastel	cake
peineta	ornamental comb
quinceañera	girl's 15th birthday celebration; a 15-year-old-girl
velo	veil
vestido	dress
La Víbora, La Viborita	Snake Dance
Viva el Amor	Love lives

Resources

This resource guide is not exhaustive, but it may provide leads for planning your Latino wedding. For further information and ideas, contact your local Latino Chamber of Commerce, cultural center, university or college Spanish language and literature department, tourism boards, and embassies; check your telephone directory for other listings; and search the World Wide Web.

Wedding Attire and Accessories

Bridal Gowns and Formalwear Information

Carolina Herrera Bridal Collections
501 7th Avenue
New York, NY 11377
Phone: (212) 944-5757
Fax: (212) 944-5020

Designer Carolina Herrera was born in Caracas, Venezuela. Write to her company for a list of stores in your area that carry her bridal collections.

Pronovias USA, Inc.
1 Johnson Road
Lawrence, NY 11559
Phone: (516) 371-0877
Fax: (516) 371-0880
Website: www.pronovias.com
E-mail: info@pronovias.com

This company began in Barcelona, Spain, and has become one of the world's largest bridal gown and formalwear specialists. Contact them for a list of exclusive retail stores nearest you that sell their designs.

International Fabricare Institute
The Association of Professional Dry Cleaners and Launderers
12251 Tech Road
Silver Spring, MD 20904
Phone: (301) 622-1900

Send for your free copy of "Wedding Gowns: Caring for Your Fabrics."

Wedding Gown Specialists
Phone: (800) 501-5005

Call the toll-free number to find a wedding gown specialist in your
area to preserve and restore your wedding gown.

Tuxedos and Guayaberas

International Formalwear Association
401 North Michigan Avenue, Suite 2400
Chicago, IL 60611-4267

For a free pamphlet, "Your Formalwear Guide," send this organization a
self-addressed stamped envelope.

Oscar de la Renta
550 Fashion Avenue
New York, NY 10018-3203
Phone: (212) 354-6777

Oscar de la Renta was born in Santo Domingo, Dominican Republic,
and studied fine arts in Madrid, Spain. Most tuxedo shops carry his
signature formalwear.

The Guayabera Shirt Company
8870 SW 40th Street (Bird Road)
Miami, FL 33165
Phone: (305) 480-0967
Fax: (305) 485-1114
Website: www.guayaberashirt.com
E-mail: coolwear@wwbcity.com

This company specializes in classic Latino wear for men.

Jendro Hats and Veils
Website: www.jendro.com

Jendro Hats and Veils—which has been rated number one in customer service, delivery, and fit in a nationwide survey by Bridal Information Resource—has a wide variety of bridal headpieces. Jendro headpieces are available through your bridal salon.

Lands Far Away Imports
8340 Ulmerton Road, Suite 200
Largo, FL 33771
Phone: (727) 524-6968
Website: www.boutique-flamenco.com
E-mail: Tina@Boutique-Flamenco.com

Owner Tina Benayas imports a large selection of wedding accessories, veils (*mantillas*), shawls, lace fans, *flamenco* dance items, and music from Spain. She also teaches, directs, and choreographs many Latin dance styles in her studio.

Invitations

Free Catalogs

For free catalogs of mail-order invitations, stationery, gifts, decorations, garters, toasting goblets, and other wedding items, call the toll-free numbers of each company or visit this website: www.catalog.orders.com. Most are able to print invitations in Spanish.

American Wedding Album (800) 428-0379
Ann's Wedding Stationery (800) 557-2667
Camelot (800) 280-2860
Creations by Elaine (800) 323-2717
Dawn (800) 528-6677
Dewberry Engraving Company (Southern USA) (800) 633-6050
Evangel (Christian) (800) 342-4227
Invitations, Etc. (800) 709-7979
Jamie Lee (800) 288-5800
Now and Forever (800) 451-8616
The Precious Collection (800) 553-9080
Romantic Moments (800) 826-2704

Wedding Traditions (800) 635-1433
Willow Tree Lane (800) 219-9230

Stationers

Crane and Company, Inc.
30 South Street
Dalton, MA 01226

Write for information pamphlet, "Wedding Invitations and Announcements."

C.R. Gibson Company
32 Knight Street
Norwalk, CT 06858
Phone: (203) 847-4543

This company features invitations and some Latino wedding products.

Carlson Craft
Phone: (800) 292-9207

Stylart
Phone: (800) 624-6181

Tatex Thermographers
P.O. Box 2660
Waco, TX 76702
Phone: (817) 799-4911
Fax: (800) 521-8576

Tatex Thermographers has a special album featuring Latino wedding invitations and products such as the cord, coin box, and pearlized Bible. Contact them for a Tatex dealer near you.

Wedding Essentials

Flowers

Fantastica Bride Flora Ltd.
3517 South Halsted
Chicago, IL 60609

This Latino company manufactures fancy bouquets, headpieces, and veils. It also published a bilingual magazine, *La Novia B. Linda.*

Music and Dance

Benayas School of Flamenco and Belly Dance
Refer to the previously listed Lands Far Away Imports for Latino dance lessons and imported *flamenco*, Spanish guitar, and other musical recordings.

Transportation

National Limousine Association
Phone: (800) NLA-7007

Call for a referral for limousine companies in your area.

Cakes

Duncan Hines Kitchen Connection
Procter and Gamble
Public Affairs Division
P.O. Box 599
Cincinnati, OH 45201-0599
Phone: (800) DH-MOIST or 346-6478

Contact them for a free copy of the booklet, *Tier and Party Cake Instructions.*

Sara Lee Wedding Cake
325 West Huron
Suite 315
Chicago, IL 60610

Send a self-addressed stamped envelope for information on wedding cakes.

Wilton Enterprises
2240 West 75th Street
Woodridge, IL 60517
Phone: (630) 963-7100

Wilton is well known for cake decorating classes and products (cake tops, wedding accessories, figurines, favors, cake stands, and bakeware). See the current *Wilton Yearbook*, available at most craft, hobby, and cake and candy supply shops, for wedding cake designs and icing recipes. Also available are *The Wilton Wedding Planning Guide* and a party favors instruction book.

Favors and Miscellaneous

San Francis Imports
1919 N. Victory Place
Burbank, CA 91504-3425
Phone: (800) 882-4916
Website: www.sanfrancis.com
E-mail: sfi@sanfrancis.com

This company is an importer and manufacturer of religious goods and gifts. You may purchase the double rosary, coin box, Bibles, invitations, and Latino wedding sets from a retailer near you.

Beauty Consultants

Mary Kay Cosmetics
Phone: (800) Mary Kay or 627-9529

Ask Mary Kay for a list of independent beauty consultants who will work with you and your bridal attendants to create a lovely look for the wedding.

Photography and Videography

Rice Photography
3119 Lorain Road
North Olmsted, OH 44070
Phone: (440) 979-0770
E-mail: PRfisheye@aol.com

Patrick Rice, M. Photog. Cr., PPA, and his wife, Barbara Fender-Rice, Cr. Photog., PFA, have photographed weddings and are knowledgeable about Latino customs.

Professional Photographers of America
1090 Executive Way
Des Plaines, IL 60018

Send a self-addressed stamped envelope to receive *What Every Bride Should Know About Wedding Photography*. You can also request a list of member professional photographers and videographers in your area.

Magazines

Latina Bride
1015 West Lake Avenue
Suite 208
Pasadena, CA 91104
Phone: (626) 296-1249
Website: www.latinabride.com
E-mail: latinabride@aol.com

This specialty magazine features Latino weddings and *quinceañeras*.

Wedding Coordination Services

Contact the following organizations for a list of wedding coordinators in your area.

Association of Bridal Consultants
200 Chestnutland Road
New Milford, CT 06776-2521
Phone: (860) 355-0464
Fax: (860) 354-1404
E-mail: BridalAssn@aol.com

Weddings Beautiful Worldwide
A Division of the National Bridal Service
3122 West Cary Street
Richmond, VA 23221
Phone: (804) 355-6945
Fax: (804) 359-8002
Website: www.nationalbridalservice.com
E-mail: 104664.3577@compuserve.com

Latino Associations

National Association of Hispanic Journalists
1193 National Press Building
Washington, D.C. 20045-2100
Website: www.nahj.org

U.S. Hispanic Chamber of Commerce
1019 19th Street N.W.
Suite 200
Washington, D.C. 20036
Website: www.ushcc.com

National Council of La Raza
1111 19th Street N.W.
Suite 1000
Washington, D.C. 20036
Website: www.nclr.org

Wedding Websites

www.itheewed.com
www.iBride.com
www.theknot.com
www.ultimatewedding.com
www.weddingbells.com
www.weddingchannel.com
www.weddingline.com
www.weddingpages.com
www.weddingspot.com
www.weddingweb.com
www.wedguide.com
www.wednet.com
www.wedserve.com

Further Reading

Axtell, Roger E. *Dos and Taboos Around the World.* 3d ed. New York: John Wiley and Sons, Inc., 1993.

Bride's Magazine, ed. *Bride's All New Book of Etiquette.* New York: Perigree Books, 1993.

Diamant, Anita. *The New Jewish Wedding.* Texas: Summit Books, 1986.

Dunn, Wendy, and Janet Nomura Morey. *Famous Hispanic Americans.* New York: Cobblehill Books, 1996.

Fernandez-Shaw, Carlos. *The Hispanic Presence in North America from 1492 to Today.* New York: Facts on File, 1991.

Hefter, Wendy Chernak. *The Complete Jewish Wedding Planner.* Maryland: PSP Press, 1997.

Instituto de Liturgia Hispaña. *Gift and Promise: Customs and Traditions in Hispanic Rites of Marriage.* Portland: Oregon Catholic Press, 1997.

Klausner, Abraham J. *Weddings: A Complete Guide to All Religious and Interfaith Marriage Services*. New York: Signet Books, 1986.

Lalli, Cele Goldsmith, and Stephanie H. Dahl. *Modern Bride Wedding Celebrations*. New York: John Wiley and Sons, Inc., 1992.

Latner, Helen. *The Everything Jewish Wedding Book*. Massachusetts: Adams Media Corporation, 1998.

Long, Becky. *Something Old, Something New: 701 Creative Ways to Personalize Your Wedding*. Minnesota: Meadowbrook Press, 1997.

Marvis, Barbara. *Contemporary American Success Stories: Famous People of Hispanic Heritage*. Vols. 1-9. Maryland: Mitchell Lane Publishers, 1996.

Novas, Himilce. *Everything You Need to Know About Latino History*. New York: Plume, 1998.

___. *The Hispanic 100: A Ranking of the Latino Men and Women Who Have Most Influenced American Thought and Culture*. New Jersey: Citadel Press, 1995.

Nuiry, Octavio, and Kirk Whisler, ed. *1999 National Hispanic Media Directory: Latin American Media*. WPR Publishing, 1998.

Piljac, Pamela. *A Bride's Thank You Guide: Thank You Writing Made Easy*. Chicago: Chicago Review Press, 1993.

Robbins, Laura. *The Bride's Guide to Writing Thank You Notes*. New York: Notations, Inc., 1996.

Smith, JaQueline. *The Creative Wedding Idea Book*. Massachusetts: Adams Media Corporation, 1994.

Soto, Gary. *Snapshots from the Wedding*. New York: Putnam Publishing Group, 1997. *This children's book about a Mexican-American flower girl mentions many Latino wedding activities. Illustrated by Stephanie Garcia.*

Stein, Molly K., and William C. Graham. *The Catholic Wedding Book*. New Jersey: Paulist Press, 1988.

Toor, Frances. *A Treasury of Mexican Folkways*. New York: Crown Publishers, 1947.

Unterberger, Amy L. *Who's Who Among Hispanic Americans*. Michigan: Gale Research, Inc., 1994.

Van Laan, Nancy. *La Boda: A Mexican Wedding Celebration*. Boston: Little and Brown Co., 1996. *This children's book makes a good gift for flower girls. The story centers on a young girl and her grandmother watching a wedding taking place in an Oaxacan village. Illustrated by Andrea Arroyo.*

Warner, Diane. *The Complete Book of Wedding Toasts*. New Jersey: Career Press, 1996.

Weddings Beautiful Assignment No. 10: *The History of Wedding Traditions*. Virginia: National Bridal Service. Undated.

Weddings Beautiful Assignment No. 9: *Traditions in a Hispanic Wedding*. Virginia: National Bridal Service. Undated.

Weddings Beautiful Assignment No. 13: *What You Should Know About Wedding Fashion*. Virginia: National Bridal Service. Undated.

Index

About the Author

Edna R. Bautista, who holds a doctoral degree in higher education, is certified as a wedding specialist by Weddings Beautiful Worldwide, a division of the National Bridal Service. She has worked as a bridal consultant and now serves on the editorial advisory panel of *American Bride* magazine. Dr. Bautista, a former university professor of intercultural communication, now coordinates the Journalism and Mass Communications Program at Tulsa Community College in Tulsa, Oklahoma.

Viva el Amor

Agenda de una boda Latina

En Español

Filter Press

P.O. Box 95

Palmer Lake, CO 80133-0095

© 2000 Edna R. Bautista Derechos Reservados.

Impreso en los Estados Unidos de América

5 4 3 2 1

Disendo de portada e illustracion, por Lauren McAdam.

Fotografía en la página 85 cortesía de Rice Photography.

Traducción por el Foreign Language Center, Colorado Springs, CO

(Silvia Uribe)

ISBN: 0-86541-051-8

LCCN: 98-83092

Esta guía contiene ideas, información, y antecedentes para planear una boda Latina. Las tradiciones, costumbres, prácticas, reglamentos, y las formas de ceremonia variarán dependiendo de la herencia y la religión. El autor y editor no están sujetos u obligados a ninguna persona o entidad con respecto a cualquier pérdida o daño causado o alegato de daño causado, directa o indirectamente, por la investigación y sugerencias presentadas en esta guía.

Este libro se encuentra disponible a través de su librería local
o llamando a la casa editora al 888-570-2663.

Contenido

Reconocimientos

 Yo, María Edna Ramos Viernes Bautista, alabo y le doy gracias a Dios Quien hace que todas las cosas buenas, como este libro, sean posibles. Reconozco también a mi esposo, Richard Owen Parkinson, y a mi familia, los Bautistas (papi Domingo, mami Elisa, y hermano Dennis Juan) por su amor y apoyo.

Expreso mi gratitud a las siguientes personas por ayudarme con este proyecto. Muchas gracias a: Doris Baker, de Filter Press, por reconocer la necesidad de información acerca de bodas latinas y por su mano experta durante el proceso de publicación; Susan Hindman, editora de copiado; y Carol Sumichrast y Beth Kooima por el arreglo de letras y diseño interior; Silvia Uribe, traductora; Lauren McAdam, ilustradora y artista de cubierta; Milton Paris, director nacional, y Helene Hibshman, administrador comercial, Pronovias USA, Inc.; Abel Rapp, director de relaciones públicas, Carolina Herrera, Ltd.; B. Jean Droke, presidente y Jefe Ejecutivo, Jendro Hats y Veils; Rene La Villa, vice-presidente, Miami Cool Wear; Tina Benayas, presidente/propietario, Lands Far Away Imports; Lois Pearce, director de diversificación étnica, Association of Bridal Consultants; los compañeros de trabajo en Bridal Classiques en Tulsa, Oklahoma; Doris Nixon, directora de servicios educativos para Weddings Beautiful Worldwide, una división de National Bridal Service, de quien aprendí tanto acerca de la profesión de bodas, por su constante apoyo, guianza, oraciones, inspiración, y consejos; Patrick Rice y Barbara Fender-Rice de Rice Photography en North Olmsted, Ohio, por sus generosas contribuciones de fotos exclusivas de varias bodas y novias latinas; a mi madrina, Rosario Cruz, diseñadora de modas, y tía María Concepción Bohe, proveedora de alimentos y repostera, por permitirme ayudar a coordinar bodas y eventos; Elizabeth Brown, a mi ayudante y asistente de boda; mi colega Tina Peña, Coordinadora del Departamento de Español en Tulsa Community College, por haberme apoyado en algunas correcciones; y a Lineth Guerra, Milagros Habibi Zavala, Angelina Jalomo, Silvia Mont, Carlos Rodrigo Moreno, Janice Vargas, Marianella Vicarioli, la Asociación de Estudiantes Latino Americanos de la Universidad Oklahoma State y el Club de Baile y Cultura Latina, y a todos mis amigos latinos, alumnos, y a las novias y novios quienes compartieron sus puntos de vista culturales y recuerdos especiales de boda.

Introducción

Nuestra Herencia Latina

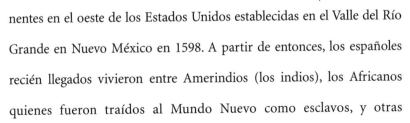

A medida que el nuevo milenio comienza, los latinos pueden mirar hacia el pasado con orgullo sobre los 500 años de historia e influencia cultural dentro de los Estados Unidos. Es una rica herencia con una abundancia de tradiciones que pueden agregar profundidad y significado a su boda en los tiempos modernos.

Esta historia comenzó en el siglo dieciséis con una visión de expansión que tomó vida bajo los monarcas españoles Fernando e Isabel y contempló a los valientes exploradores y conquistadores navegando al Mundo Nuevo, en busca de oro y reclamando tierras para España. Pueblos coloniales y misiones cristianas fueron establecidos, con las primeras colonias permanentes en el oeste de los Estados Unidos establecidas en el Valle del Río Grande en Nuevo México en 1598. A partir de entonces, los españoles recién llegados vivieron entre Amerindios (los indios), los Africanos quienes fueron traídos al Mundo Nuevo como esclavos, y otras poblaciones europeas. Los descendientes de esta combinación racial y culturalmente diversa de personas componen el grupo de población a quienes nosotros llamamos "latinos," y las tradiciones que ellos dejaron atrás forman parte de la vida del latino.

Los términos "latino" e "hispano" a menudo se usan de manera intercambiable. La palabra hispano es usada para clasificar a las personas de descendencia española, pero el término es demasiado estrecho para representar la gran fusión de personas de los diecinueve países de Centro y Sudamérica. Por ésto, el término "latino panamericano" ha evolucionado en su uso. Muchos latinos se refieren a sí mismos como hispanos, latino/latina, latino americano, o americano (americano/americana) y, al mismo tiempo, como mexicano, puertorriqueño, cubano, etc. El que los términos tanto de latino como hispano sean usados con el mismo orgullo muestra que, de la misma forma que dos individuos se unen en matrimonio, así también existe unidad en la diversidad.

La influencia latina actual en la cultura americana se puede medir en varias formas. Los latinos constituyen la minoría de crecimiento más rápido en los Estados Unidos. De acuerdo al censo de 1990, los latino-americanos formaron un 11 por ciento de la población de los EE.UU.; el censo del 2000 registrará que los latinos comprenden el grupo minoritario más grande en los Estados Unidos. El idioma Español, el cual es un fuerte lazo común entre las diversas personas latinas, es el tercer idioma más hablado del mundo. Muchos de los nombres de los sitios en los

"Quién es Quién" Latino

Músicos y Cantantes	Actores y Actrices	Artistas, Diseñadores, y Escritores	Atletas
Joan Baez	María Conchita Alonso	Julia Alvarez (escritora)	Lyle Azado (fútbol
Mariah Carey	Ruben Blades	Sandra Cisneros	americano)
Vicki Carr	Irene Cara	(escritora)	Bobby Bonilla (béisbol)
Pablo Casals	Emilio Estevez	Salvador Dali (artista)	José Canseco (béisbol)
Celia Cruz	Eric Estrada	Oscar de la Renta	Roberto Clemente
Charo	Andy García	(diseñador)	(béisbol)
Joe Cuba	Raul Julia	Carolina Herrera (dis-	Oscar de la Hoya
Placido Domingo	John Leguizamo	eñadora)	(boxeo)
Gloria Estefan	Jennifer Lopez	Oscar Hijuelos (escritor)	Trent Dimas (gimnasta)
José Feliciano	Richard "Cheech" Marin	Pablo Picasso (artista)	Juan González (béisbol)
Enrique Iglesias	Ricardo Montalbán	Diego Rivera (artista)	Richard "Pancho"
Julio Iglesias	Esai Morales	Adolfo Sardina	González (tenis)
Trini López	Rita Moreno	(diseñador)	Gigi Fernández (tenis)
Ricky Martin	Edward James Olmos	Piri Thomas (escritor)	Mary Joe Fernández
Tony Orlando	Elizabeth Peña	Himilce Novas (escritor)	(tenis)
Selena	Rosie Pérez	Denise Chávez (escritora)	Tom Flores (entrenador
Tito Puente	Freddie Prinze	Rudolph Anaya (escritor)	de fútbol americano)
Linda Ronstadt	Paul Rodriguez	Luis Urrea (escritor)	Keith Hernández
Carlos Santana	Anthony Quinn		(béisbol)
Jon Secada	Charlie Sheen		Nancy López (golf)
Ritchie Valens	Martin Sheen		Tony Pérez (béisbol)
Jaci Velasquez	Jimmy Smits		Jim Plunkett (fútbol
	Raquel Welch		americano)
			Lou Piniella (béisbol)
			Juan "Chi Chi" Rodríguez
			(golf)
			Pancho Segura (tenis)
			Sammy Sosa (béisbol)
			Fernando Valenzuela
			(béisbol)

Otros Latinos Notables

Luis Alvarez • (Premio Nobel en física)
Henry Cisneros • (político/SEO de Univision)
Walt Disney/José Luis Guirao • (director de cine)
Jaime Escalante • (educador)
David Farragut • (Primer almirante de la Naval de los EE.UU.)
Giselle Fernández • (corresponsal de noticias de televisión)
Jackie Nespral • (corresponsal de noticias de televisión)

Antonia Novello • (Primer Cirujano General de los EE.UU.)
Emilio Núñez • (Juez)
Tommy Núñez • (arbitro de baloncesto)
Ellen Ochoa • (astronauta)
Federico Peña • (Secretario de Transporte)
Ileana Ros-Lehtinen • (Congresista)
Elizabeth Vargas • (corresponsal de noticias de televisión)
Nydia Velazquez • (Congresista)

Estados Unidos son en español, y el vocabulario inglés-americano se encuentra lleno de palabras de origen español. La comida y restaurantes mexicanos y latino-americanos pueden ser encontrados en cada una de las comunidades, y la música latina se desplaza sobre las gráficas del movimiento de la música popular. Las redes de televisión en el idioma español y redes bilingües tales como Univisión y Telemundo, estaciones de radio, editores de revistas y libros, y sitios en la red mundial [web] abundan.

Sitios de Navegación Latina

http://www.latinoweb.com

http://www.latinolink.com

http://www.latinabride.com

http://www.quepasa.com

http://www.hispanicvista.com

Un boda es un hermoso momento apropiado para revivir las tradiciones latinas, ya que es a través de su matrimonio y vida familiar que estas costumbres culturales continúan y serán pasadas a las futuras generaciones. Incorporando las costumbres de bodas latinas, usted profundizará el significado de su propio día de bodas y honorará a las generaciones pasadas que establecieron y preservaron estas significativas tradiciones.

Tradiciones de Bodas Latinas

Selección de los padrinos-patrocinadores (padrinos) para apoyo durante sus festividades nupciales y como guía a través de su vida de casados.

El vestido y los accesorios culturales.

Las invitaciones y adiciones estilo doble.

Las flores de naranjo (azahares) o flores nativas.

Ceremonia bilingüe de la boda.

Un ceremonia de velo para simbolizar la protección de Dios.

Una ceremonia de lazo (el lazo) para simbolizar que este matrimonio es para toda la vida.

Una ceremonia de arras (las arras) para simbolizar el compartimiento de los bienes materiales.

Una caravana ruidosa de la ceremonia a la recepción.

Una fiesta de alimentos latinos incluyendo los bizcochitos.

Un pastel de bodas o pastel de frutas con cintas escondidas para estirar.

El brindis bilingüe con bebidas nativas.

Mariachis, música latina, y bailes tradicionales populares en su recepción.

La tanda del dólar para simbolizar la prosperidad y la seguridad financiera.

Las piñatas para los invitados jóvenes.

Una muñeca nupcial cubierta con obsequios de cinta (capias).

Un destino latino para su luna de miel.

El Compromiso

¡Está usted comprometida! ¡Felicidades y viva el amor! Antes de emprender todos los detalles de su boda, goce de este tiempo de felicidad con su futuro esposo. Debido a que una boda latina es tradicionalmente un evento familiar, usted puede contar con sus padres-los representantes principales de su casa-para pasar la buena noticia, así que cuénteselos primero a ellos. El anuncio está garantizado de viajar rápidamente a través de la red de comunicación familiar. Una fiesta para celebrarlo es apropiada. Esto dará a las familias una oportunidad de conocerse si ellos todavía no lo han hecho.

Anuncie formalmente su compromiso a través del periódico de la ciudad. Contacte al redactor de sociales o estilo de vida y pida formas de anuncio de compromiso. Algunos periódicos incluirán su fotografía con el anuncio de compromiso. Durante este momento, una reseña del compromiso es dada. Tradicionalmente, el novio da un anillo de compromiso, típicamente un solitario de diamante, a su futura esposa como un símbolo de promesa y de recuerdo. Otras joyas de compromiso pueden ser un arreglo con la piedra del mes o una pieza heredada actualizada y personalizada para la ocasión. Un joyero acreditado puede trabajar dentro de sus preferencias de diseño y presupuesto y puede ayudarle a seleccionar sus anillos de boda.

El uso de oro o plata para la boda se basa en el espíritu de los conquistadores, quienes encontraron una abundancia de estos metales preciosos entre los Aztecas, Incas, y las civilizaciones Mayas, y en las minas del suroeste de los Estados Unidos. Los anillos son intercambiados durante la ceremonia de la boda para simbolizar la fuerza y la eternidad del amor.

Las Fiestas Antes de la Boda

Junto con una boda vienen muchas oportunidades para celebrar. Las fiestas más comunes son las lluvias de regalos [showers], reunión nupcial, la despedida de soltero, y la cena de ensayo.

El "Shower." El "shower" moderno ha evolucionado de las prácticas centenarias del sistema de la dote. Una dote era la riqueza que una novia traía a su boda. Si el padre de la novia rechazaba al novio y rehusaba pagar una dote, o si él no podía proporcionar una dote suficiente, los familiares y amigos de buen corazón "llovían" a la pareja con dinero y bienes.

En el sistema español de la dote, la novia o su padre le daban una dote al novio o al novio y a su familia. En el pasado en la comunidad latina, una vez que el padre de la novia daba permiso para que su hija se casara, el novio asumía responsabilidad financiera, proveía por ella y por la boda en su totalidad. En la actualidad, los miembros del comité de bodas (padrinos) ayudan con los gastos de la boda patrocinando artículos tales como las invitaciones, el pastel, las flores, los obsequios, o las decoraciones. Además, la novia y el novio son llovidos con regalos de su registro durante fiestas antes de la boda. Las lluvias de regalos tradicionales pueden consistir de comida latina, música latina, y decoraciones de mini-sombreros o abanicos de encaje.

Despedida de Soltera y Soltero. La despedida de soltera o reunión nupcial son fiestas ofrecidas por la novia o por alguien cercano a la novia, para celebrar con los asistentes, amigas más cercanas, y familiares sus últimos días de mujer soltera. La reunión de amigos puede ser una cena en algún restaurante latino, una fiesta en el hogar de la novia, una merienda campestre, o una reunión en un club. Hay un intercambio de regalos. La novia da a sus asistentes memorias especiales de la boda y agradece a todos los presentes por su ayuda y apoyo en la planificación de su próxima boda. La novia recibe típicamente un obsequio de ropa interior por parte de los asistentes de su fiesta de soltera.

De manera similar, el novio, o alguien cercano a él, da una fiesta para sus amigos cercanos y asistentes. Planee tener la fiesta de soltero por lo menos una semana antes de la boda, de esa manera no competirá con otros acontecimientos de última hora. La fiesta de soltero ha ganado una reputación riesgosa, pero muchas fiestas son eventos muy apacibles concentrados en algún acontecimiento deportivo, un viaje de acampar, o una cena fuera. Una ronda de brindis es hecha para decir adiós al pasado del novio y para desear buena suerte. Es una vieja, pero cara costumbre hacer un brindis en el nombre de la novia y luego romper los vasos para que ningún brindis de un orden más alto se pueda hacer. Los novios pueden tomar esta oportunidad para presentar obsequios—tales como plumas y llaveros grabados, certificados de obsequio, carteras o artículos de piel, o tazones a sus asistentes.

La Cena de Ensayo. El día antes de la boda, todos los participantes en la ceremonia—asistentes padres de familia, padrinos-patrocinadores, y patrocinadores—se reúnen para practicar sus papeles bajo la dirección de su coordinador u oficiante de la boda. El ensayo es únicamente lo que se implica. Respete la autoridad del director de ensayo. Un ensayo completo, y sereno hará maravillas en reducir su ansiedad acerca de la ceremonia. Lleve su lista de verificación de responsabilidades de la boda y anote cualquier cosa que se haya olvidado o dejado pasar. Practique hasta que todos estén seguros de sus funciones. Maneje su tiempo sabiamente; programe el tiempo de ensayo por la tarde, así habrá tiempo de disfrutar la cena y terminar la noche lo suficientemente temprano para que todos descansen suficiente para el día que sigue.

La cena de ensayo es un tiempo íntimo y relajado con aquellos más cercanos a usted—su familia y el cortejo. Se realiza después del ensayo y es ofrecida tradicionalmente por la familia del novio o por los padrinos-patrocinadores de la fiesta de la boda y sus acompañantes o cónyuges. Ya sea que la cena sea formal, una comida completa o una cena ordinaria en algún hogar, tome este momento para gozar de la compañía de su comité de boda, para revisar notas para la boda, y celebrar la unión de dos familias y dos personas enamoradas. Compre un libro especial de recuerdos y pida a todos en la cena de ensayo que escriban sus pensamientos y mejores deseos en él. Esta cena ofrece también una oportunidad más

Bizcochitos/Polvorones

Los Bizcochitos/polvorones, pequeños pasteles tipo galleta que saben como el pan dulce de mantequilla, han llegado a ser reconocido por los latinos en el suroeste de los Estados Unidos y México como la galleta tradicional de bodas. Presente este postre en la boda misma y en fiestas nupciales informales.

Ingredientes:

1 taza de mantequilla suavizada
$^1/_2$ cucharadita de extracto de vanilla
$^1/_4$ cucharadita de sal
Azúcar glasé extra para polvear las galletas.

$^1/_2$ taza de azúcar glasé
2 tazas de harina cernida
1 y $^1/_2$ tazas de nueces picadas

Procedimiento: Precaliente el horno a 350 grados. Con una batidora eléctrica, bata la mantequilla y el azúcar glasé en un tazón mediano. Agregue la vainilla. Combine gradualmente la harina, la sal, y las nueces en la mezcla. Haga bolitas de masa del tamaño de una pulgada y ruédelas hasta que estén lisas. Colóquelas en hojas para hornear galletas sin engrasar, dejando 1/2 pulgada de separación. Hornee por 15 minutos o hasta que estén levemente doradas. Retírelas inmediatamente de la hoja de para hornear. Mientras los bizcochitos están todavía calientes, vuélquelos en el azúcar para polvearlos.

Rinde: Aproximadamente 4 docenas. Pueden ser almacenados en un contenedor hermético hasta por una semana.

para que la novia y el novio presenten una muestra de apreciación al cortejo, a los padres, y padrinos-patrocinadores, si es que los regalos de agradecimientos no han sido todavía otorgados.

El Calendario de Planificación de la Boda

Antes de fijar la fecha de la boda, considere el lugar para la luna de miel y las fechas, vacaciones del trabajo, condiciones de temporadas y clima, ciclo menstrual, compromisos previos de la familia en ambos lados, días festivos, la disponibilidad del sitio de la recepción, y el calendario del oficiante.

Los cristianos latinos, ya sean Católicos o Protestantes, deben de consultar con el sacerdote o ministro para fijar una fecha para la boda. Puede que no se celebren bodas católicas durante la Cuaresma, Semana Santa, Resurrección y durante ciertos días santos, tales como la Pascua y la Navidad, aunque ceremonias muy simples pueden ser permitidas durante esos días para acomodar circunstancias excepcionales.

Los católicos deben tener una ceremonia en la iglesia para que el matrimonio sea reconocido como válido. Una boda formal con una misa nupcial que incluya la comunión es llevada a cabo un poco antes de, o al mediodía. Una boda semi-formal es llevada a cabo generalmente por la mañana. Una boda informal, o una ceremonia sin la celebración de una misa, se realiza por la tarde antes de la misa nocturna regularmente programada. Los protestantes tienen menos restricciones sobre la fijación de la fecha, el lugar, y el tiempo para una ceremonia de boda, pero algunos días santos y días que están en conflicto con servicios o actividades programadas de la iglesia pueden no estar disponibles. El ministro o el secretario de la iglesia será capaz de contestar sus preguntas sobre las fechas y tiempo disponibles.

Los latinos judíos (de herencia Sefardita) deben consultar a un rabino antes de fijar la fecha de la boda. Las prácticas nupciales varían entre los Ortodoxos, Conservadores, y judíos Reformados. La ley ortodoxa judía permite la celebración de una ceremonia de boda durante cualquier día menos el sábado—el cual abarca, desde el atardecer del viernes hasta el atardecer del sábado—los días santos, y las fiestas incluyendo Rosh Hashanah, Yom Kippur, Cuaresma, Shavuot, and Sukkot; pero algunas excepciones pueden ser hechas para Hanukkah y Purim. Aunque las bodas judías se celebran a menudo en las sinagogas, una carpa (*chuppah*) puede ser levantada en cualquier sitio que proporcione un sentimiento de santidad para la pareja.

Latinos musulmanes (de la herencia Mora) deben acatarse al calendario islámico para las celebraciones nupciales. Aunque los contratos civiles y religiosos se firman generalmente en una oficina civil, tal como la sala del juez, los rituales de boda de los Musulmanes se llevan a cabo en una mezquita y la fecha de la boda es fijada después de consultar al imán, o al sacerdote.

Si usted y su pareja son de diferente fé o denominación, consulte con el oficiante que conducirá la ceremonia acerca de fechas y tiempo apropiados. Puede que existan restricciones o requisitos especiales.

Si usted decidiera intercambiar los votos en el palacio de justicia ante la presencia de un juez de paz, esté consciente de que los edificios federales y estatales se encuentran cerrados durante días festivos. También, el tiempo de la ceremonia está limitado a las horas normales de negocios durante los días laborales. Por supuesto, usted puede contratar a un juez que escuche sus votos en dondequiera y cuando usted seleccione tener su boda.

Una vez que la fecha se fije y sea confirmada, empiece con la planificación y organización de los numerosos detalles.

Guía de Planificación de la Boda

Un Año a Seis Meses Antes

❋ Anuncie su compromiso a su familia. Escriba notas personales o llame a los familiares distantes.

❋ Fije y confirme la fecha de la boda y el tiempo para la ceremonia y el ensayo.

❋ Pida a los periódico locales instrucciones de cómo anunciar tanto su compromiso como la boda.

❋ Decida en los sitios para la ceremonia y la recepción, y haga la reservación nueve meses por adelantado.

❋ Seleccione los anillos de boda.

❋ Imagine su boda y decida en el grado de formalidad y estilo. Seleccione las tradiciones y costumbres latinas que usted incorporará, y ordene los artículos necesarios de catálogos de especialidad.

❋ Seleccione el color y tema dominantes para la boda. Decida qué decoraciones y flores harán juego con el tema de la boda.

❋ Haga un presupuesto práctico y discuta cómo serán compartidos los gastos de boda.

❋ Visite y entreviste a vendedores prospectivos, entre ellos el proveedor de alimentos, panadero, florista, fotógrafo, y músicos. Pida una copia de un contrato de servicio de boda típico de la compañía. Pida los diferentes servicios o paquetes de boda y precios disponibles.

❋ Seleccione a los miembros de su cortejo.

❋ Seleccione a sus patrocinadores (padrinos) de boda.

Seis Meses Antes

❋ Considere contratar a un coordinador profesional de bodas que esté familiarizado con tradiciones y costumbres latinas.

❋ Negocíe los contratos con el florista, el proveedor de banquetes, el panadero, los músicos, el fotógrafo, la persona que tomará la película, y con otros vendedores.

Guía de Planificación de la Boda

※ Empiece a buscar la vestimenta de boda para la novia y el novio, el cortejo, y para los padrinos-patrocinadores. Permita seis meses para ordenar, hacer a la medida, o para la reservación de la renta.

※ Compile una lista tentativa de invitados.

※ Establezca registros de obsequio en las tiendas.

※ Haga decisiones sobre la luna de miel, haga reservaciones seis meses por adelantado, aplique para pasaportes y visas, y obtenga vacunas para viajes al extranjero.

※ Reserve alojamiento para la noche bodas si la luna de miel no se iniciará inmediatamente.

※ Si músicos en vivo no son reservados para la recepción, obtenga los servicios de un animador de discos.

※ Haga arreglos para la renta de una limusina.

Cuatro Meses Antes

※ Prepare la lista final de invitados.

※ Ordene toda la papelería de la boda incluyendo invitaciones, anuncios, programas, servilletas, y los obsequios impresos.

※ Asista a las pláticas de consejos prenupciales.

※ Obtenga un examen físico. Cumpla cualquier requisito de pruebas de sangre, o de otros exámenes de salud legalmente requeridos.

※ Seleccione lecturas para la ceremonia.

※ Prepare un horario de ensayo.

※ Fije el menú para la recepción con el proveedor de banquetes.

※ Manténgase en el contacto con el proveedor de banquetes, el panadero, los músicos, el fotógrafo y el florista. Verifique el progreso.

Guía de Planificación de la Boda

🌼 Ordene su pastel de bodas.

🌼 Haga las selecciones musicales finales con los solistas y otros músicos para la ceremonia y la recepción.

🌼 Mándese a tomar una fotografía de compromiso.

🌼 Trabaje con el fotógrafo para desarrollar una lista de fotografías de la boda y la recepción.

🌼 Coloque la orden final con el florista.

🌼 Pague los depósitos a vendedores de acuerdo a los términos del contrato.

Dos Meses Antes

🌼 Dirija y mande las invitaciones. Contrate a un calígrafo si lo desea.

🌼 Haga arreglos para el transporte y alojamiento para los invitados foráneos.

🌼 Seleccione y reserve el esmoquin del novio y del padrino.

🌼 Compre accesorios para los miembros del cortejo incluyendo joyería, zapatos, guantes, y bolsas.

🌼 Asigne responsabilidades y papeles a los miembros del cortejo. Pida ayuda para interpretación en español/inglés y con logísticas tales como estacionamiento y tráfico, decoraciones, transporte para los invitados foráneos, para la entrega y transporte de artículos de boda al sitio de la boda, limpieza, y la entrega de obsequios al hogar de los recién casados después de la recepción.

🌼 Prepare un horario para las actividades de recepción.

🌼 Pida que alguien sirva como maestro de ceremonias en su recepción, alguien que se encargue del libro de invitados y la mesa de regalos, y alguien que distribuya la programación de la boda.

🌼 Abra cuentas bancarias nuevas.

🌼 Realice un acuerdo prenupcial si usted piensa que es importante.

Guía de Planificación de la Boda

🌸 Confirme todos los arreglos con los vendedores.

🌸 Haga citas para el arreglo personal con el estilista de peinado, con el especialista de maquillaje, y con el manicurista.

🌸 Registre los cambios de nombre con el Departamento de Vehículos de Motor, la oficina de Seguridad Social, y con su empleador. Si la novia asumirá el apellido de la familia de su novio después que la boda, decida si la práctica angloamericana o la latina se seguirá (vea el Capítulo 2, Cambios en Nombre).

Un Mes Antes

🌸 Complete las formas apropiadas para la fecha límite para los anuncios de su boda en el periódico.

🌸 Actualice sus registros de regalos. Escriba notas de agradecimiento a medida que los regalos son recibidos.

🌸 Cerciórese de que todo esté en orden para la mudanza a su nueva residencia.

🌸 Compre obsequios para su futuro esposo, los miembros del cortejo, y sus padrinos-patrocinadores.

🌸 Haga un plan de asientos para la recepción.

🌸 Solicite su licencia de matrimonio.

🌸 Dé al proveedor de banquetes el conteo final de invitados.

Dos Semanas Antes

🌸 Dirija los anuncios de boda y téngalos listos para enviarlos por correo el día de la boda.

🌸 Confirme los alojamientos de la noche de bodas y recoja los boletos para el viaje de luna de miel.

🌸 Programe las pruebas finales y recoja toda la vestimenta de la boda y accesorios.

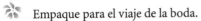

Guía de Planificación de la Boda

Una Semana Antes

❄ Empaque para el viaje de la boda.

❄ Traslade las pertenencias a su nuevo hogar.

❄ Verifique con las tiendas en las que usted se ha registrado y recoja los obsequios.

❄ Avise a todos los vendedores y confirme los detalles de último minuto.

❄ Siga escribiendo notas de agradecimiento por los regalos recibidos.

❄ Asista a las fiestas de antes de la boda.

❄ Reciba a sus invitados foráneos.

❄ Escriba los cheques para el oficiante de la ceremonia, los músicos, y otros, que deben de ser pagados el día de la boda. Colóquelos en sobres marcados.

El Día de la Boda

❄ Programe suficiente tiempo para vestirse y llegar al sitio de la ceremonia.

❄ Pida a su coordinador de la boda o a un amigo que se cerciore de que todos los miembros de la boda tengan todos los artículos necesarios para sus papeles en la ceremonia, que todas las flores y las decoraciones se encuentren en su lugar, que el pastel haya sido entregado, y que los músicos estén situados.

❄ Pida que el padrino de boda se encargue de que todos los vendedores reciban su pago y propinas.

❄ Envíe por correo los anuncios de la boda a aquellos que no pudieron asistir o que no fueron invitados a la boda.

❄ Empaque un juego de emergencias por si acaso; incluya una aguja e hilo, lima para uñas, medias extras, aspirina, y pañuelos desechables.

❄ Coma un bocado ligero dos horas antes de la ceremonia. Usted necesitará la energía.

❄ ¡Esté consciente del tiempo y manténgase dentro del horario, aunque el tiempo latino sea generalmente tarde!

Preparaciones de Antemano

Las Primeras Preparaciones

Una vez que la fecha de la boda es fijada, el próximo punto de preparación es decidir en un estilo para la boda. El grado de formalidad de su boda estilo latina depende de sus preferencias y presupuesto. Su boda puede ser realizada en tipo Realeza o simplemente elegante, una ceremonia grande o íntima, religiosa o secular, clásica o contemporánea. Cualquiera que sea el grado de formalidad que usted seleccione, una boda organizada presenta un estilo consistente que es evidente en su selección de colores y tema, el tamaño de la lista de invitados y el lugar de la boda, las invitaciones, la vestimenta, las decoraciones, la ceremonia, y el sitio de la recepción. Asegúrese de explicar el simbolismo de las tradiciones latinas ya que los huéspedes que no son latinos les encantará, estarán informados, y estarán orgullosos de que usted celebre su herencia.

Aunque es tradicional que la madre de la novia actúe como la anfitriona principal para la boda de su hija, en la actualidad muchas parejas hacen la mayoría de sus propias decisiones nupciales. Esto puede ser un fuerte inicio en su vida juntos; consejeros y terapeutas han encontrado que una comunicación abierta al inicio de la relación ayuda a desarrollar un matrimonio estable. La familia continúa siendo un importante grupo de apoyo en la cultura latina, sin embargo, aún si la pareja limita la influencia de otros en sus planes de la boda, ellos continúan honrando a la familia compartiendo sus planes a medida que se desarrollan.

Estableciendo un Presupuesto

Las bodas son eventos caros. Grandes gastos generalmente son realizados. De acuerdo a la *Revista Bride* [Novia] el costo promedio de una boda en 1997 fue de $19,104 dólares. En la cultura anglo-americana, la familia de la novia paga por la mayor parte de la boda. En la cultura latina, las familias inmediatas y extendidas e incluso los amigos de la novia y el novio contribuyen con su tiempo, talento, y bienes para ayudar a la pareja a sufragar algunos de los gastos, haciendo de la boda de esta manera, una celebración comunitaria.

Con frecuencia, varios pares de padrinos o un padrino y una madrina o una madrina son seleccionados para patrocinar, o para proporcionar, las invitaciones, el pastel de bodas, decoraciones, u otros artículos indispensables para la boda; o ellos dan dinero a la pareja para estos artículos. En ocasiones los padrinos pagan más de lo que ellos pueden proporcionar para evitar parecer que no son muy generosos. Debido a la generosidad de sus obsequios y del importantísimo papel que ellos juegan, los patrocinadores son reconocidos en listando sus nombres en adiciones especiales en las invitaciones de boda.

Aún si usted es afortunado de tener familiares que le apoyen, no se aproveche de su generosidad. Demuéstreles su madurez financiera y responsabilidad creando y adhiriéndose a un presupuesto realista. Mantenga un registro de los gastos de su boda en una hoja de presupuesto como la que es proporcionada.

Hoja de Presupuesto

ARTÍCULO O SERVICIO	CANTIDAD PROGRAMADA	COSTO ACTUAL	PERSONA RESPONSABLE
Compromiso			
Anillo			
Anuncios			
Fiesta			
Otros			
Ceremonia			
Costo del Sitio			
Honorarios de Oficiante			
Honorarios del Asistente			
Licencia de Matrimonio			
Certificado Decorativo			
Músicos y Cantantes			
Anillos			
Anillo de Bodas del Novio			
Anillo de Bodas de la Novia			
Papelería			
Invitaciones			
Anuncios			
Tarjetas de Respuesta			
Adiciones Especiales			
Tarjetas de Agradecimiento			
Giros Postales			
Programas de la Ceremonia			
Programas de la Recepción			
Otros			
Vestimenta de la Novia			
Vestido de Novia			
Corona/Velo			
Zapatos			
Ropa Interior/Medias			
Liguero (Para guardar/Para tirar)			
Joyería			
Vestido para Retirarse			
Otros Accesorios			
Vestimenta del Novio			
Renta del Esmoquin/Compra			
Accesorios			
Subtotal			

Fotocopíe a voluntad

Hoja de Presupuesto

ARTÍCULO O SERVICIO	CANTIDAD PROGRAMADA	COSTO ACTUAL	PERSONA RESPONSABLE
Vestimenta del Cortejo			
Vestidos de las Madrinas			
Zapatos de las Madrinas			
Accesorios de las Madrinas			
Vestidos de la Paje			
Zapatos de la Paje			
Accesorios de la Paje			
Vestimenta de los Padrinos			
Accesorios de los Padrinos			
Vestimenta del Portador de Anillo			
Accesorios del Portador del Anillo			
Vestimenta de los Padres			
Vestido de la Madre de la novia			
Zapatos y Accesorios			
Vestido de la Madre del novio			
Zapatos y Accesorios			
Traje del Padre de la novia			
Accesorios			
Traje del Padre del novio			
Accesorios			
Vestimenta de los Padrinos-Patrocinadores			
Vestidos de la Madrina			
Zapatos y Accesorios			
Trajes del Padrino			
Accesorios			
Artículos Especiales			
Velas			
Velo			
Lazo/Rosario			
Arras/Cofre/Bolsa			
Cojín			
Biblia/Libro de oraciones			
Muñeca nupcial			
Otros			
Subtotal			

Fotocopíe a voluntad

Hoja de Presupuesto

ARTÍCULO O SERVICIO	CANTIDAD PROGRAMADA	COSTO ACTUAL	PERSONA RESPONSABLE
Flores			
Ramo nupcial			
Ramo para tirar			
Ramo para la Virgen María			
Ramos de las Madrinas			
Canasta/Ramo para la Paje			
Rosas de la Madre			
Flor para la Solapa			
Decoraciones de la iglesia			
Decoraciones de la recepción			
Otros Arreglos Florales			
Fotografía/Película			
Álbum de boda			
Álbumes para los padres			
Impresiones Extras			
Fotos de Pared			
Copia Original del Vídeo			
Vídeos extras			
Otros			
Música			
Organista de la ceremonia			
Solista de la ceremonia			
Animador de discos para la recepción			
Banda para la recepción			
Mariachi/Otro Entretenimiento			
Transporte			
Carro/limusina			
Decoraciones			
Carro para los Invitados foráneos			
Estacionamiento			
Otros			
Alojamientos			
Invitados foráneos			
Estancia de la Noche de Bodas			
Subtotal			

Fotocopíe a voluntad

Hoja de Presupuesto

ARTÍCULO O SERVICIO	CANTIDAD PROGRAMADA	COSTO ACTUAL	PERSONA RESPONSABLE
Recepción			
Renta del sitio			
Proveedor de Banquete			
Bebidas/Licor			
Equipo			
Decoraciones/Arreglo			
Pastel de Boda			
Propinas/Impuestos			
Otros			
Accesorios y Decoraciones			
Regalos			
Libro de Huéspedes y Pluma			
Cuchillo y Servidor para el Pastel			
Copas para brindar/Vasos			
Servilletas impresas			
Otros			
Luna de Miel			
Transporte			
Alojamiento			
Comidas			
Documentos legales			
Preparaciones de salubridad			
Accesorios (artículos de baño, rollo de película, etc.)			
Concesión diaria			
Recuerdos			
Otros			
Regalos			
Novia (del Novio)			
Novio (de la Novia)			
Asistentes de la novia			
Asistentes del novio			
Paje			
Portador de anillos			
Padres de la novia			
Padres del novio			
Padrinos-Patrocinadores			
Otras Personas Importantes			
Subtotal			

Fotocopíe a voluntad

Hoja de Presupuesto

ARTÍCULO O SERVICIO	CANTIDAD PROGRAMADA	COSTO ACTUAL	PERSONA RESPONSABLE
Fiestas			
"Shower"			
Despedida de Soltera			
Despedida de Soltero			
Cena de Ensayo			
Artículos Misceláneos			
Exámenes Médicos/Prueba de Sangre			
Citas al Salón de belleza			
Póliza de Seguro			
Otros			
Servicios Misceláneos			
Coordinador de la boda			
Calígrafo			
Abogado			
Maestro de Ceremonias de la Recepción			
Seguridad			
Intérprete de español/inglés			
Otros			
Subtotal			

TOTAL

Fotocopíe a voluntad

Registro de Regalos

La probabilidad de que los obsequios de su boda sean en forma de artículos de primera necesidad patrocinados es más grande en bodas latinas. Los invitados que no son patrocinadores querrán también dar regalos de boda. Su red de comunicación familiar es útil en retransmitir información acerca de lo que a usted le gusta o necesita. Se considera de mala educación anunciar su preferencia en las invitaciones debido a que se implica que se espera recibir regalos.

Otro sistema útil para cerciorarse de que recibirá regalos útiles es el registro de regalos de boda, un concepto práctico que permite a los invitados comprar aquellos artículos que usted y su futuro esposo han pre-seleccionado en sus tiendas favoritas. Usado en gran parte para los regalos de vajilla y cristalería, el registro de bodas ahora incluye una gran variedad de artículos de primera necesidad. Hasta algunos agentes de viajes han establecido un registro por medio del cual los invitados pueden contribuir fondos para los costos de la luna de miel de los recién casados.

Salud

En su votos, usted prometerá seguir con su esposo "en la salud y en la enfermedad." Usted puede cumplir esto si usted se cuida durante este período de emociones fluctuantes. Usted quiere verse saludable y radiante en el día de su boda. Si usted planea empezar un programa de ejercicio, consulte con un médico que diseñe un programa hecho a la medida de sus necesidades personales. No se sobrepase haciendo ejercicio lo cual podría traer como resultado una lesión en su cuerpo. También, vigile sus hábitos alimenticios, el consumo de alcohol, y de cafeína. La moderación en ambos aspectos, el ejercicio y la dieta, es esencial para mantener niveles equilibrados de energía.

Hable con su médico acerca de la planificación familiar y del control de la natalidad. Investigue si algún examen físico es requerido legalmente para que usted pueda casarse. Su estado puede requerir pruebas de sangre para el SIDA y varias enfermedades venéreas, para la anemia, rubéola, tuberculosis, y otras infecciones. Algunos estados requieren pruebas de competencia mental. Llame a la oficina local de licencias de matrimonio para detalles específicos con respecto a pre-requisitos médicos.

Asuntos Legales

Despojado de todo su fino y romántico significado, un matrimonio es sólo un contrato civil. Usted entra a un contrato legal así como también a un compromiso emocional y moral. Para hacer su matrimonio legal, usted necesita una licencia.

Las leyes del matrimonio difieren de un estado a otro, así que verifique con su oficina local de licencias de matrimonio acerca de los pre-requisitos de salud, la edad de consentimiento, el tiempo de validez, la presentación de documentos, y los honorarios de la aplicación. La pareja comprometida debe solicitar la licencia de matrimonio en persona. Tal vez se le requiera traer su certificado de nacimiento como comprobante de edad, tarjetas de identificación, certificado de defunción del esposo anterior si es que es viuda, anulación o decreto de divorcio si estuvo casada antes, y los resultados de cualquier examen de sangre o exámenes de salud. Tal vez sea también necesario un comprobante de ciudadanía estadounidense. Llame primero a su oficina local de licencia de matrimonios para ahorrarse tiempo y frustraciones.

Si usted planea casarse con alguien que es ciudadano de otro país, entérese de las leyes de inmigración. Según las estadísticas del Departamento de Servicio de Inmigración y Naturalización (INS), los americanos se están casando con extranjeros a una tasa de casi 200,000 por año, y más de 2.3 millones de parejas internacionales se han casado y establecido en los Estados Unidos en las últimas dos décadas. Una vez casados, el cónyuge inmigrante debe permanecer casado y debe de residir con un ciudadano de los EE.UU. por tres años antes de que el proceso de naturalización pueda iniciarse. Tenga cuidado de no violar las leyes de inmigración ya que usted y su cónyuge no americano pueden ser separados legalmente debido a una deportación. Contacte al INS para más información acerca de estos asuntos y otras leyes internacionales de matrimonio.

Si usted planea casarse en el exterior de los Estados Unidos, contacte al consulado o a la embajada de ese país para informarse de los requisitos específicos de matrimonio. Algunos países latinoamericanos reconocen una ceremonia civil de la boda, pero para que el matrimonio sea bendecido, las parejas deben tener una ceremonia adicional de la boda en una iglesia.

Cambios de Nombre

A diferencia de las novias anglo-americanas que generalmente renuncian a sus propios apellidos y adoptan los de sus novios, las novias latinas mantienen tradicionalmente su apellido de solteras como su segundo nombre y agregan el nombre de su novio. Los antropólogos culturales hacen notar que esta práctica ha ayudado a mantener y a honrar la herencia de la línea materna de la cultura latina. **Los cambios del nombre varían entre las culturas latinoamericanas.** Cuando los nombres de casada son combinados con los nombres de santos dados durante el bautismo y confirmación y otros apelativos extras, los nombres españoles pueden llegar a ser muy largos.

Algunas novias latinas formalmente llevan el nombre de soltera de sus madres. Por ejemplo, el nombre del padre de la autora es Domingo Viernes Bautista (Viernes es el nombre de soltera de su madre) cuando se casó con la madre de la autora, Elisa de la Vega Ramos (de la Vega es el nombre de soltera de su madre) el nombre de ella cambió a Elisa Ramos Bautista. Su hijo (el hermano de la autora) se llama Dennis Juan (nombre de confirmación) Ramos (nombre de soltera de su madre) Bautista (apellido).

Aquí hay unos ejemplos más específicos usando Agápito Bautista and Raymunda Viernes (los nombres de los abuelos paternos de la autora) y Fortunato Ramos y Felicidad de la Vega (los nombres de los abuelos maternos de la autora).

 Con o sin la unión de un guión, usted puede agregar el apellido de su esposo al suyo y mantener su nombre de soltera como segundo nombre. Escrito como *Sra. Raymunda Viernes Bautista* y *Sra. Felicidad de la Vega Ramos*, y reconocida legalmente como *Sra. Raymunda V. Bautista* y *Sra. Felicidad D. Ramos*;

 Siguiendo los patrones de gramática española, usted puede agregar su nombre como un calificativo después del de su esposo. Escrito como *Sra. Raymunda Bautista Viernes* y *Sra. Felicidad Ramos de la Vega*, y reconocida legalmente como *Sra. Raymunda Bautista* y *Sra. Felicidad Ramos*;

 Usando la preposición "de" como un derivado de herencia, usted puede agregar el nombre de su esposo al suyo. Escrito como *Sra. Raymunda Viernes de Bautista* y *Sra. Felicidad de la Vega de Ramos*, y reconocida legalmente como *Sra. Raymunda Bautista* y *Sra. Felicidad Ramos*.

Preparación Religiosa

Las estadísticas de divorcio reflejan la actitud indiferente de la sociedad hacia el vínculo matrimonial. Existe consejo religioso prenupcial para reafirmar que comprometerse a una persona para toda la vida debe ser tomado seriamente.

Además, en algunos países latinoamericanos, el matrimonio civil debe ser solemnizado por la iglesia, especialmente para los cristianos (Católicos y Protestantes). Si usted planea una ceremonia religiosa para la boda, el consejo prenupcial es recomendado si es que no es requerido, y ciertas preparaciones religiosas necesitan ser cumplidas antes de que su boda se lleve a cabo.

Católica. Según *El Libro Católico de la Boda* (Prensa Paulist, 1988), es difícil que se case en la iglesia Católica sin una notificación previa de por lo menos tres meses. El tiempo entre su petición para casarse y la ceremonia en sí, no es un período de espera sino un período de preparación. Para los católicos, el matrimonio es un sacramento santo instituído por Dios. Debido a que dentro de la fé Católica usted sólo pasa una vez por el matrimonio, es un deber de la Iglesia asegurarse de que ustedes estén bien preparados para realizar este compromiso permanente. A las parejas de católicos a menudo se les requiere asistir a programas tales como Encuentro de Prometidos™ o Noches para los Prometidos™, pero la preparación del matrimonio varía en forma y contenido dependiendo de qué es lo que se ofrezca en el área donde usted vive. Sus opciones pueden ir desde pasar un fin de semana en una casa de retiro hasta ser aconsejados por su pastor por unas pocas horas.

A los católicos se les es requerido también completar un extenso trámite antes de que ellos pasen al altar. Este trámite asegura de que ambos partidos se encuentran libres para casarse y aclaran la seriedad del compromiso. A lo mínimo, cuando usted visite a su sacerdote traiga consigo una copia de sus papeles de bautismo y confirmación. Se le puede requerir que complete papeleo adicional y extensivo si uno de ustedes no es Católico, si alguno de ustedes estuvo previamente casado, o si usted desea tener su ceremonia fuera de la Iglesia Católica. En el caso de un matrimonio previo, traiga la anulación, divorcio, o papeles decretando defunción. Excepciones puede ser otorgadas para éstas y otras circunstancias, pero consulte con su sacerdote.

Protestantes. Los protestantes consideran el matrimonio una institución sagrada pero no un sacramento santo. Dentro de las varias denominaciones de iglesias, la preparación religiosa y los períodos de espera para el matrimonio pueden variar. El oficiante de la ceremonia aclarará qué documentos son necesarios y qué pasos deben de ser tomados antes de que su boda pueda realizarse—ya sea sesiones informales de consejos prenupciales con el ministro o personas casadas, o la asistencia a programas de compromiso más estructurales de la iglesia.

Judíos, Musulmanes, y Parejas de Fé Mixta. Consulte a su rabino, imán, u oficiante acerca de preparaciones religiosas específicas. Aunque el consejo prenupcial puede que no sea requerido de una manera específica, sin embargo, es benéfico. Sin importar los antecedentes religiosos, las parejas deben discutir estos importantes ritos de preparación. También discuta con el oficiante acerca de los servicios bilingües (inglés - español); honorarios; procedimientos de ensayo; cualquier restricción en la expresión de votos, códigos de vestir, selecciones de lecturas y música, y decoraciones; orden u horario de la ceremonia; posible co-oficiador para un matrimonio de fé mixta; y su deseo de incorporar tradiciones y costumbres latinas.

La preparación religiosa le ayuda a usted y a su futuro esposo a dirigir asuntos que pudieran surgir en su matrimonio, alienta la comunicación, e impone sobre ustedes la importancia del compromiso: hasta que la muerte—no el divorcio—los separe.

El Cortejo de la Boda

Esencialmente, ustedes son el rey y la reina el día de su boda, y ustedes merecen un comité que corteje la boda. También conocido como la comitiva nupcial, el cortejo no tiene que incluir catorce parejas como en la quinceañera, la fiesta de la adolescentes latina que celebra su quinceavo cumpleaños, pero un cortejo grande es común en las bodas latinas. Los miembros de un cortejo de bodas incluyen típicamente a los asistentes de la novia (dama o madrina de honor y las madrinas), los asistentes del novio (el padrino y los padrinos), y los niños actuando como pajes (la niña de las flores y el portador de anillos). En las bodas latinas, el cortejo incluye también a los padrinos-patrocinadores.

El decidir quién estará en su cortejo no debe de ser tan difícil como el decidir a quién incluir en su lista de invitados de boda. Usted y su futuro esposo deben seleccionar a los asistentes de entre sus hermanos, parientes, y amigos más cercanos quienes han dado y continuarán dando su verdadera y amorosa amistad. No se sientan obligados a incluir a alguien debido a que usted estuvo en su cortejo, está relacionado con ellos, o les debe un favor; tampoco tiene que formar a las parejas equitativamente, aunque los latinos prefieren tal equilibrio para la mención de los nombres y la marcha.

Las responsabilidades comunes de los asistentes incluyen pagar por su propio traje (aunque éste pueda ser proporcionado por la novia y el novio); participar en cualquier planificación, encargo, o actividades de antes de la boda; organizar fiestas y celebraciones; y estar parados a su costado durante la ceremonia. Los asistentes de honor, la dama o madrina de honor y el padrino, generalmente sostienen los anillos de la boda y firman como testigos en su licencia y acta de matrimonio, aunque se pueden confiar estas responsabilidades a otros. La asistente de honor de la novia atiende el velo de la novia, la cola, y el ramo; el asistente del novio da los honorarios a la gente apropiada y propone un brindis en la recepción. Los ujieres llevan a los invitados a sus asientos en la ceremonia. Haga saber a todos sus asistentes qué otras tareas relacionadas con la boda se espera que sean realizadas de su parte para que estén enterados de cuándo es que usted necesita más de su ayuda.

Seleccione a los pajes de entre sus hermanos pequeños, sobrinas, sobrinos, primos, ahijados, o sus propios niños. Tan adorables como ellos pueden ser, cerciórese de que no sean tan pequeños que huyan de sus responsabilidades cuando estén a la vista del público. Los niños más grandes pueden servir como jóvenes asistentes si ellos se encuentran entre las edades de diez y dieciséis años. Las niñas de las flores y portadores de anillo se encuentran generalmente entre las edades de cuatro y ocho años. La chica de la flor lleva un ramo miniatura o una canasta de pétalos de flor que ella dispersa por el pasillo antes de que la novia camine para reunirse con su novio ante el altar; el portador del anillo tiene un cojín especial con los anillos de boda amarrados con seguridad. Es una buena idea usar anillos decorativos para borrar cualquier preocupación de que este pequeño niño vaya a emocionarse demasiado en su día especial ¡y pierda los verdaderos! Prepare a estos jóvenes miembros del cortejo. Hable con ellos acerca de sus importantes papeles, explique qué es lo que se espera, aliéntelos a comportarse debidamente, y suavemente persuádalos con halagos si ellos se encuentran renuentes a tomar parte en un acontecimiento tan grande.

Seleccione padrinos y patrocinadores de entre gente que ha jugado un papel importante en su vida o ha puesto buenos ejemplos con sus propios matrimonios. Los patrocinadores solteros, generalmente en pareja con una contraparte, pueden también ser seleccionados. Evite escoger patrocinadores por razones tales como presiones de familia o por su posición en la comunidad.

Los deberes varían de acuerdo al papel que ellos desempeñan en su boda, ya sea que ellos contribuyan dinero para las festividades o sean responsables de presentar artículos tales—como el velo, el lazo, u otros obsequios patrocinados—o realizan otros deberes especiales para su boda. Éstos incluyen pagar por la misa o el servicio, los anillos, las arras, el lazo o rosario, las flores, la Biblia o el libro de oración, la música, las invitaciones, la fotografía, copas para brindar, el pastel, y cualquier otro artículo de la boda que se pudiera patrocinar.

Compadrazgo

Los colonizadores que se asentaron en el Nuevo Mundo vivían muy lejos de sus familias en España y en ocasiones necesitaban de guardianes no relacionados para sus niños en el evento de que los padres llegaran a ser incapaces de criarlos. Así fue como el sistema del compadrazgo (co-paternidad) se desarrolló, como una red extendida de apoyo familiar.

El origen es en parte religioso y en parte tradicional, esta práctica de seleccionar padrinos para acontecimientos tales como bautismos y bodas les ha dado a las personas de descendencia española un sentido seguro de responsabilidad mutua y una fuerte identidad comunitaria.

Debido a que en la cultura latina se considera un honor el ser seleccionado y un insulto el rechazar estas posiciones, la novia y el novio deben ser sensibles a la situación financiera de aquéllos que son seleccionados. Aquéllos a los que a usted le gustaría que sirvieran como patrocinadores puede que sinceramente quisieran ayudarlos pero que no cuenten con los medios suficientes, así que considere pedirles que lean Escrituras durante la ceremonia, se encarguen del libro de invitados y de los obsequios, o realicen otros deberes especiales para su boda.

Cuando ustedes seleccionen a su cortejo, recuerden que su boda latina es un evento familiar y tiene éxito cuando todos los implicados cooperan amablemente uno con el otro y gozan de cada uno de los momentos del evento.

Ropas Para la Boda

Es seguro de que habrá un vestido que le asiente a la novia.

Sólo hojee las gruesas revistas nupciales, incluyendo *Latina Bride* [Novia Latina], y usted encontrará numerosos estilos y diseños de las últimas modas nupciales.

Las novias españolas de años anteriores seleccionaban ropa sencilla de bodas. Las mujeres campesinas llevaban puesto un vestido negro de seda para simbolizar su devoción a sus novios hasta que la que la muerte los separara, con un mantilla (velo a semejanza de chal) y azahares (flores de naranjo) en el cabello.

El color blanco llegó a ser la elección popular para los trajes nupciales mundialmente cuando la Reina Victoria de Inglaterra se vistió de blanco para su boda real en 1840. Las novias españolas hicieron lo mismo; sus vestidos estilo flamenco, amplios, y repletos de encaje fueron modificados para servir como trajes nupciales. Este estilo tiene todavía una influencia en los vestidos tradicionales de quinceañera en la actualidad.

Usted puede escoger entre los diferentes tonos de blanco para su vestido de novia—blanco puro y brillante, natural u opaco, blanco "vela" o blanco "diamante," blanco crudo, o marfil—dependiendo de sus preferencias y si su tono de piel es blanca, aceitunada, bronceada, u oscura. Los vestidos de novia color pastel se encuentran también disponibles para una presentación no tradicional.

Su vestido de novia debe reflejar el estilo general de su boda, resaltar su figura, complementar su personalidad, y estar dentro de su presupuesto. Cuando seleccione el vestido de novia, siga las pautas religiosas y de etiqueta social con respecto a la vestimenta de bodas. La novia quizás seleccione llevar una vestido heredado, comprar un vestido en una tienda de novias, o tener un vestido hecho por un sastre.

Las novias en el noroeste de Brasil en ocasiones mandan hacer sus vestidos a mano con encaje de bolillos y llevan puesto un velo decorado con una combinación de flores secas y de porcelana. Para su vestido americano de novia, las elecciones de tela incluyen raso, tafetán, seda, brocado, moaré, gasa, u organza, y los arreglos incluyen encaje, perlas, lentejuelas, imitación de diamantes, bordado, botones forrados, cintas, rebordes, moños, o flores. Decida qué cuello, mangas, entalle/cintura, dobladillo de falda, y el largo de la cola, le complementan, estudiando sus fotos favoritas en las revistas o modelos de costura de un catálogo. Lleve con usted a su madrina o dama de honor y pruébese vestidos en varias tiendas para ver cuáles son los diseños que más le favorecen, luego reduzca sus elecciones. Considere un vestido con una cola o polisón desmontable para que usted pueda desplazarse fácilmente después de la ceremonia. Recuerde incluir en el costo el precio de las modificaciones, limpieza y planchado, y conservación del vestido.

Con posibilidades ilimitadas—desde un vestido fresco y sencillo de algodón-gasa hasta un vestido de novia, estilo flamenco, amplio y con encajes—el vestido que usted seleccione debe de separarla de todas las otras mujeres que asistan a su boda latina.

La corona y el velo completarán su presencia nupcial y serán la corona de su gloria. Una vez más, una gran variedad de estilos, tales como cintas, guirnaldas, bonetes, moños, sombreros, y rollos, se encuentran disponibles. Las novias vestidas en el estilo latino clásico llevan una mantilla que cubre completamente la cara como un símbolo de pureza. En ocasiones el velo se fija a una peineta, un peine grande y vertical que se coloca encima de un moño de pelo elegantemente peinado. Las novias latinas contemporáneas a menudo deciden llevar una tiara (corona). Estas coronas son hechas con joyas o cristales preciosos, de vidrio, o cuentas iridiscentes o de perlas, y los latinos muestran un gran orgullo en su realización y acabado. Las tiaras pueden ser bastante costosas y pueden ser pasadas de una generación a otra. Siguiendo la tradición de cubrirse la cara con la mantilla, una cubierta o un velo para la cara es unida a la tiara como muestra de modestia. El levantar el velo de la cara de la novia es un gesto opcional pero romántico cuando el novio besa a la novia al final de la ceremonia.

No se olvide de sus joyas, pañuelo, medias, liga, guantes, y otros accesorios. Si usted no lleva un vestido ajustado al cuerpo o estilo sirena, usted puede necesitar un refajo o crinolina para agregar volúmen debajo de su vestido de novia. Marche por el pasillo en zapatos cómodos pero de moda. Usted no está limitada únicamente a zapatillas de tacón; usted puede escoger zapatillas de bailarina, botas, zapatos de lona, o sandalias. Para una sorpresa en la luna de miel, complete sus compras del novia comprando ropa interior sensual disponible en tiendas de ropa interior.

Para el Novio

Un novio Latino apropiadamente ataviado siempre luce deslumbrante e impactantemente guapo. Aunque las guayaberas formales modernas y algunas chaquetas estilo bolero (sacos cortos de cintura hechos populares por los toreros y artistas populares) son atractivas en bodas latinas tradicionales, los esmoquins y trajes son actualmente el traje de elección. Visite una tienda de vestimenta formal para hombres y hojee los catálogos para algunos estilos en particular, colores, y precios. Consulte con el especialista de esmoquin o representante de ventas acerca de qué ropa (formal o informal) es apropiada para cierta hora del día, accesorios (tales como corbata, zapatos, chaleco, tirantes, faja ancha, gemelos, y pañuelo), arreglos y ajustes, entrega, cargos por regresarlo tarde, limpieza, y descuentos. Su novia puede indicar sus preferencias acerca de su traje y "presentación" para la ceremonia. Esté preparado para escuchar su opinión.

Para los Asistentes

Un cortejo moderno y coordinado en color, a su lado en el altar complementan la presentación de su boda. El vestir a los asistentes del novio no es tan difícil como el vestir a las de la novia. Los hombres en el cortejo pueden hacer juego simplemente con el estilo del novio, quien puede llevar un esmoquin o traje de diferente color, corbata de moño, o chaleco (generalmente blanco), y una flor en la solapa. Cuando alquile los trajes de los asistentes del novio, verifique las políticas de la tienda y sus honorarios, descuentos, rentas de última hora, depósitos y cargos adicionales, accesorios, y arreglos.

Para el traje de las asistentes de la novia, tenga en cuenta las variadas preferencias personales, tipos de figura, la variación de presupuestos, y si el vestido se puede usar otra vez. En la tradicional boda latina, las madrinas visten de rojo, pero otros colores se pueden escoger para hacer juego con el tema de la boda.

Para asegurarse de que usted tendrá toda una fila de madrinas bonitas y satisfechas, hable con ellas acerca de los estilos de vestido y gama de precios. Examínen revistas de boda y catálogos juntas, y reduzcan sus elecciones. Visite un salón nupcial con unas cuantas de sus asistentes a la vez para probarse los vestidos favoritos antes de hacer una decisión final. Quizás a usted le gustaría que su asistente de honor se distinga del resto de sus madrinas llevando un diseño levemente diferente. No se olvide de los accesorios para el pelo, joyería, ropa interior especial, y zapatos para todas sus madrinas.

Si los vestidos se comprarán ya hechos, pregunte acerca de cómo ordenar, sobre las modificaciones y pagos. La decisión de tener los vestidos hechos a la medida se debe hacer por lo menos seis meses antes de la boda. Comience reuniendo recomendaciones para diseñadores por parte de sus amigos y familia. Entreviste a más de un diseñador y discuta el tema de la boda en detalle. Cerciórese de que usted entienda el nivel de servicio ofrecido, los cargos, y todos los elementos del plan, incluyendo la fecha de entrega.

Para los pajes, muchos deciden seguir la tradición latino-americana de vestir a los niños como versiones miniaturas de la novia y el novio. Por esta razón a menudo el portador del anillo es ataviado en un traje que hace juego con el del padrino, mientras la niña de las flores lleva un vestido semejante al de las madrinas. Para la vestimenta de boda de los niños busque en las tiendas de ropa formal, salones nupciales, tiendas de ropa especializadas en niños, o tiendas de sastre, tomando en cuenta el estilo de su boda, el presupuesto de sus padres, las edades de los niños, las políticas para ordenar y comprar, citas para medir y ajustar, y accesorios.

Para los Padres y Padrinos-Patrocinadores

Porque sus padres y padrinos-patrocinadores tienen importantes papeles de honor, es imperativo que ellos se vistan de acuerdo a sus responsabilidades en la boda. La madre de la novia selecciona generalmente su vestido para hacer juego con los colores del tema de la boda, o en ocasiones, para complementar el tono de los vestidos de las asistentes de la novia. La madre del novio toma la sugerencia de la madre de la novia cuando selecciona su vestido, así como lo hacen las madrinas y otras patrocinadoras femeninas. Los padres de la novia y del novio llevan esmoquins o trajes semejantes a los asistentes del novio. Los padrinos y otros patrocinadores masculinos visten apropiadamente, o ellos pueden llevar puesto ropas culturales, tales como guayaberas para ocasiones especiales.

La siguiente gráfica servirá como una guía para seleccionar la vestimenta apropiada para la boda. Estas son las recomendaciones de Weddings Beautiful Worldwide [Hermosas Bodas en el Mundo], una división del National Bridal Service [Servicio Nupcial Nacional], y son basadas en la etiqueta anglo-americana.

Vestimenta de Bodas

MIEMBRO DE LA BODA La Novia

Formal durante el Día

Vestido blanco, marfil o de color pastel delicado, de largo hasta el piso con una cola de capilla o catedral (arrastrando el piso). Velo largo cubriendo la cola o extendiéndose a lo largo de la cola o un vestido de baile de gala con falda circular y cola opcional arrastrando hasta el piso. Ramo o libro de oraciones; zapatos que hagan juego con el vestido; guantes largos con los vestidos de manga corta, de otra manera, los guantes son opcionales.

Formal por la Noche

Las seis de la tarde es la hora que separa una boda formal nocturna a una boda formal durante el día. El vestido de novia es el mismo que el que se usa durante el día; las telas y acabados pueden ser más elaborados.

Semi-Formal durante el Día

Vestido blanco o color pastel, de largo hasta el piso o vestido de bailarina. El largo del velo es hasta el codo o más corto. Los accesorios son los mismos que los de una boda formal.

Semi-Formal Nocturno

Lo mismo que durante el día. Las telas o acabados pueden ser más elaborados.

Informal durante el Día y la Noche

Vestido blanco o color pastel, de largo hasta el piso, vestido de bailarina o de cóctel. Y velo corto de noche o sombrero tipo para bodas. Ramo pequeño, ramillete o libro de oraciones. Guantes y zapatos modernos.

MIEMBRO DE LA BODA El Novio, Padrino de la Boda, Portador de Anillo, los Padres, Padrinos, Patrocinadores

Tradicional durante el Día

Formal: saco recortado (gris Oxford o negro) con pantalones de rayas, saco gris a la cintura, camisa blanca de cuello de ala y una corbata a la inglesa de rayas.

Contemporáneo: chaqueta contorneada larga o corta de color negro o gris, pantalones de rayas, camisa blanca de cuello de ala; chaleco gris (opcional). La chaqueta en la elección de colores, pantalones que hagan juego, y camisa que coordine.

	Ultra formal: saco negro de cola, corbata y accesorios blancos.
Formal Nocturno	*Tradicional:* esmoquin negro o una chaqueta de cena, pantalones negros de rayas, chaleco o faja ancha coordinados, y corbata de moño.
	Contemporáneo: chaqueta contorneada larga o corta, pantalones que hagan juego, camisa de cuello de ala, chaleco o faja ancha, corbata de moño.
Semi-Formal durante el Día	*Tradicional:* saco gris o negro, pantalones de rayas, chaleco gris, camisa blanca, corbata de rayas gris y blanco.
	Contemporáneo: traje formal en la elección del color y estilo, pantalones que hagan juego o que contrasten, camisa blanca o de color. Corbata de moño, chaleco o faja ancha.
Semi-Formal Nocturno	*Tradicional:* chaqueta de cena, pantalones negros, chaleco o faja ancha, camisa blanca de vestir, corbata de moño. Durante el clima caliente, chaqueta blanca o color marfil.
	Contemporáneo: traje formal (colores más oscuros para el otoño y el invierno, colores más claros para la primavera y el verano); pantalones que hagan juego o que contrasten. Corbata de moño que haga juego con el chaleco o la faja ancha.
Informal durante el Día y la Noche	Traje negro de negocios, gris oscuro, o azul marino. En el verano, chaqueta de noche blanca o natural, pantalones tropicales oscuros de tela de lana peinada; saco deportivo azul marino, pantalones blancos de franela, o traje blanco.

~~~~~~~~~~

MIEMBRO DE LA BODA	Madrinas, Niña de las Flores
Formal durante el Día	Vestido de bailarina o de cóctel de largo hasta el piso, bonete, sombrero, guirnalda, o peineta decorativa, con o sin velo corto; guantes para complementar la longitud de las mangas; zapatos para hacer juego o coordinar con los vestidos; el vestido de la madrina de honor puede hacer juego o contrastar con los vestidos de las otras asistentes.

Formal Nocturno	Vestidos de bailarina o de cóctel; los mismos accesorios que los usados durante el día. Las telas pueden ser más elaboradas.
Semi-Formal durante el Día	Lo mismo que el usado para una boda formal, aunque el estilo y la tela deben ser simplificados.
Semi-Formal Nocturno	Vestido de bailarina, o de cóctel; los mismos accesorios que son usados durante el día. Las telas pueden ser más elaboradas.
Informal durante el Día y la Noche	Vestidos del mismo largo que el de la novia; sin embargo, si la novia lleva un estilo de noche y de largo hasta el piso, es permitido que las asistentes lleven puesto vestidos cortos. Los accesorios deben ser sencillos y adecuados al conjunto.

MIEMBRO DE LA BODA	Las Madres, Madrinas, Patrocinadoras
Formal Durante el Día	Vestidos de salir; sombreros pequeños (opcional), zapatos, guantes, y ramilletes que coordinen. Los conjuntos de las madres deben complementarse el uno al otro con respecto al estilo, color, y largo.
Formal Nocturno	Vestido largo hasta el piso o hasta el tobillo, pequeña cubierta para la cabeza; pieles elegantes, joyería.
Semi-Formal durante el Día	Lo mismo que para una boda formal.
Semi-Formal Nocturno	Lo mismo que para una boda formal.
Informal Durante el Día y la Noche	Vestido largo para salir o un traje.

Cosas Necesarias
Para la Boda

Ya sea grande o pequeña, toda boda requiere de una lista de invitados, invitaciones y otros artículos de boda, flores, música y baile, fotografías, y arreglos de transporte.

La Lista de Invitados

Porque la boda no sólo los une a usted y a su futuro cónyuge sino también a ambas familias (inmediatas y extendidas) e incluso a sus amigos, usted probablemente terminará con más nombres en su lista de lo que usted alguna vez anticipó. El compilar una lista de invitados es esencial para administrar estos números.

Consulte con su futuro cónyuge y con ambas familias y haga dos listas de invitados: una lista de prioridad y una lista alterna. Aquellos en la lista de prioridad incluyen a miembros de sus familias inmediatas y extendidas, padrinos, personas en su cortejo (es de cortesía pero no obligatorio extender una invitación a sus familias), mejores amigos, y compañeros de trabajo o socios de negocios. Cuente familias en lugar de individuos cuando esté determinando el conteo final para sus invitaciones de boda. Aquéllos invitados que no estén en la lista de prioridad son colocados en la lista alterna o la lista de anuncios; ellos pueden ser invitados si alguien en la lista de prioridad no puede asistir, o ellos pueden recibir un anuncio de la boda. Usted tampoco está obligado a invitar a acompañantes de los invitados solteros, tampoco se espera tener niños presentes en su boda. La asistencia es por invitación únicamente. Por lo tanto, cuando dirija las invitaciones, haga una lista de todos los nombres de las personas que usted quiere que asistan. Por ejemplo, si usted quiere invitar a parejas únicamente, entonces escriba formalmente en el exterior del sobre "Sr. y Sra. Carlos Montoya Ramírez," y escriba en el interior del sobre "Sr. y Sra. Ramírez" o "Tío Carlos y Tía Rita." Si usted invita a la familia entera, entonces escriba formalmente en el exterior del sobre "Sr. y Sra. Carlos Montoya Ramírez," y escriba en el interior del sobre "Sr. y Sra. Ramírez, María, Juan, y Carlitos." Es considerado de etiqueta inapropiada agregar "y Familia" en el exterior del sobre, pero es aceptable hacerlo en el interior de éste cuando usted no conoce todos los nombres de los niños. Consulte libros de etiqueta para instrucciones específicas de cómo dirigir invitaciones formales de boda.

Incluya tarjetas de respuesta con sellos postales en las invitaciones para que usted se entere de quién está planeando asistir. Aunque usted haya tomado todas las precauciones necesarias para administrar su lista de invitados, prepárese para recibir personas que se presenten sin invitación. Puede ser una situación incómoda en ese momento, pero honre la tradición latina de hospitalidad: sonría y acepte a las personas sin invitación, especialmente si ellos forman parte de su familia extendida. Recuerde agregar unos asientos extras, por si acaso, cuando usted proporcione el conteo final para su recepción al proveedor de banquetes.

El refinar la lista de invitados y decidir quién estará o no estará en ella puede ser traumático. Empiece a trabajar en la lista de invitados en cuanto la fecha de la boda sea fijada. Mantenga la comunicación abierta y ambos padres de familia informados a medida que la lista toma forma. Sea sensible a las sugerencias y deseos de los miembros de la familia, pero es la pareja que se casa quien al final decide quién asiste. La situación con la lista de invitados puede llegar a ser tan complicada—y el riesgo de herir sentimientos tan alto—que tal vez pase por su mente el escaparse con su novio. No lo haga. Aunque es verdad que usted necesita sólo dos testigos para firmar el certificado de matrimonio, el tener una boda confirma su nuevo estado como marido y mujer dentro de la comunidad.

Invitaciones

Fije el tono de su boda enviando invitaciones tradicionales estilo latino. Debido a que tanto los padres de la novia y del novio son anfitriones de la boda, los nombres de ambas parejas de padres aparecen en la invitación. Los padres de la novia son nombrados en la parte superior

Felicidad de la Vega Ramos   *Raymunda Viernes Bautista*
lo invita a la misa nupcial   *lo invita a la misa nupcial*
en la cual su hija   *en la cual su hijo*
María Elisa   *Domingo Juan*
se unirá a través del Sacramento Santo del Matrimonio a
Domingo Juan   *María Elisa*

El sábado nueve de octubre
en el año de nuestro Señor Cristo Jesús
dos mil cinco
a las doce del medio día
Catedral San Fernando
San Antonio, Texas

Invitaciones de la boda en formato "Y"

izquierda de la tarjeta, y los del novio en la parte superior derecha de la tarjeta. Las frases continúan hacia abajo y se unen en el centro donde información común, tal como fecha, hora, y lugar, es dada; esto se conoce como el formato "Y", o tipo escalonado. Usted puede imprimir su mensaje en español con traducciones en inglés, o viceversa. En el ejemplo reproducido arriba, se usan sombras para acentuar el formato distintivo "Y".

Muchas invitaciones latinas de boda enviadas hoy en día se asemejan a las invitaciones anglo-americanas. El formato "Y" es reemplaza

Cesar Castillo Osorio
Lois Fuden de Castillo
y
Hiram Amundaray Zeno
Lydia Rivera de Amundaray
tienen el honor de invitarle
al matrimonio de sus hijos
Maria Virginia
y
Francisco Antonio
el viernes 18 de julio de 2005
a las siete y treinta de la noche
en la Iglesia San Ramón Nonato
Maracaibo, Venezuela

RSVP
Telefono 555-1234

Invitaciones de la boda en arreglo vertical uniforme

> *Ricardo y Mariana López*　　　　　*Andrés y Victoria Aguilar*
> *participan a Ud. el Enlace Matrimonial*　*participan a Ud. el Enlace Matrimonial*
> *de su hija*　　　　　　　　*de su hijo*
> *Anita*　　　　　　　　　*Patricio*
> *con el*　　　　　　　　　*con la*
> *Sr. Patricio Aguilar*　　　　*Srita. Anita Lopez*
> *Madrinas y Padrinos*
> *Velación: Juanita Cruz y Oscar Ramos*
> *Lazo: Rosana Guiterrez y Miguel Angeles*
> *Arras: Marina Concepción y Pedro Valdez*
> *Ramo: Susana Bautista y Carlito Moreno*
>
> *Damas*　　　　　　　　*Chambelanes*
> *Angelina Aguilar*　　　　　*Raul Baltazar*
> *Cristina Gutierrez*　　　　　*Manuel Castelan*
> *Marina Jalomo*　　　　　　*Diego Garcia*
> *Rosarita Perez*　　　　　　*Juan Valdez*
> *Dolores Zaragosa*　　　　　*Roberto Victor*
>
> *Pajes: Mía Baybayan y Roy Navarro*
>
> *y tienen el placer de invitar a Ud. y su apreciable familia a la*
> *Ceremonia Religiosa que tendrá lugar el sábado, 20 de agosto de 2005*
> *a la 2:00 p.m. en la Iglesia de Nuestra Señora de Guadalupe*
> *98 Northeast Street, Pasadena, California*

Invitaciones de la boda en formato "Y" modificado listando el comité nupcial

do por el estilo vertical uniforme, pero ambos grupos de padres son anotados como anfitriones de la boda, como lo es mostrado en el ejemplo. Considere enviar copias idénticas de las invitaciones en español y en inglés.

Las frases en la invitación variarán en ciertas situaciones—si la familia de la novia publica la invitación de la forma común anglo-americana, si la novia y novio son anfitriones de su propia boda, si los nombres de divorcios u otros matrimonios aparecerán en las invitaciones, o si una boda doble se llevará a cabo. Con frecuencia un catálogo de muestras de la impresora proporcionará algunas pautas para las frases apropiadas.

Padrinos		Sr. Daniel L. Acosta y Sra.
		y
Velo	Sr. Pepito Castillo y Sra.	Dr. Florencio B. Madarcos y Sra.
Corona y Buqué	Sr. Pablo Parayno y Sra.	Participan en el enlace matrimonial
Brazalete	Sr. Ferdinan Carlos y Sra.	de sus hijos
Anillo	Sr. Manuel Nicolas y Sra.	Magdalena
Pastel	Srta. Maria Concepción Guint Cruz	
Invitaciones	Sr. Roberto Negron y Sra.	y
Iglesia	Sra. Josefina Vda. de Ramos	Felipe
Música	Sr. Antonio Santos Ceveira	que tendrá verificativo
Albúm	Srta. Lilia Coronado	el viernes, 31 de enero de 2005
Copas	Srta. Carlota Ayer	a las 2:00 p.m.
Baile	Sr. Gomez Salcedo y Sra.	St. Elmo's Catholic Church
Cuchillo	Srta. Florita Zarate	9627 Eastern Drive
Fotografías	Sr. Ricardo Viernes y Sra.	Nogales, Arizona

Invitaciones de la boda en arreglo vertical uniforme listando el comité nupcial

Para ayuda adicional, busque el consejo de un especialista de bodas, el representante de ventas que le esté ayudando con las órdenes de invitaciones, o un libro de etiqueta estándar.

Una invitación de boda latina contiene los nombres de los miembros del cortejo y padrinos. En vez de incluir todos sus nombres en la invitación, usted puede usar una adición especial separada. Con frecuencia impresa en papel manila, esta adición les da el reconocimiento a los que le ofrecen apoyo emocional y financiero en este rito de pasaje de su vida. La muestra de la adición mostrada aquí puede ser

Padrinos de la boda de
Elena Carmen Zavala y Guillermo Vargas
May 1, 2005

Velación: Sr. Elmino Mariposa y Sra.
Anillos: Sr. Samuel Gomez
Arras: Sr. Lucas Cerveza
Lazo: Srta. Juanita Vasquez
Ramo: Sr. Paulo Garcia y Sra.
Libro y Rosario: Sr. Antonio Pedro y Sra.
Flores: Sr. Timoteo Romano
Música: Sr. Oscar de los Reyes y Sra.
Invitaciones: Sr. Mauricio Carrere y Sra.
Recuerdos: Sr. Roberto Sanchez y Sra.
Fotografías: Sr. Javier Montana y Sra.
Vídeo: Sr. Esai Morales
Album: Srta. Isabella Martinez
Copas: Sr. Miguel Garcia y Sra.
Brindis: Sr. Mario de la Cruz y Sra.
Pastel: Sr. Sergio Mendes y Sra.
Cuchillo y Pala: Sr. Pablo Rios y Sra.

Adición especial a la invitación de boda

adaptada vertical u horizontalmente.

Otras adiciones que pueden añadir a los costos de correo de sus invitaciones incluyen los anuncios de la recepción, mapas y direcciones, reservación de asientos y boletos de estacionamiento, tarjetas de "ya estoy en casa" para informar a sus invitados de

> Se pide que por favor responda
>
> antes del 23 de agosto del 2005
>
> Nombre(s) _____
>
> ___ Personas que asistirán

Tarjeta de respuesta requiriendo un sobre con sello de correo

> Sea tan amable de responder
> antes del
> 20 de abril del 2005
> S _____
> Número de personas
> que asistirán ___
> Lo siento, no podré asistir ___
>
> Stamp
>
> La Familia Rivera
> 123 Main Street
> Miami, FL 45678

Tarjeta postal de respuesta

su dirección después de la boda, y tarjetas de respuesta. Las tarjetas de respuesta son una manera amable de alentar a los invitados a responder para cierta fecha; estas son tradicionalmente más pequeñas que la invitación e incluyen un sobre pre-dirigido, y con sellos postales. Una alternativa innovadora es una tarjeta postal de respuesta con sello postal.

Debido al formato y a la gran cantidad de información y el estilo horizontal, la invitación es más larga que las invitaciones tradicionales. Sellos postales extras son requeridos, especialmente si usted planea incluir adiciones especiales. Las impresoras también pueden cargar un honorario fijo adicional por planear su invitación en el formato "Y" y por escribirlas en español.

Anuncio de la boda en formato "Y"

El papel y los diseños especiales seleccionados para su invitación también afectarán el precio. Las invitaciones de marfil o sin blanquear son tradicionalmente elegantes, aunque una amplia variedad de diseños, incluyendo invitaciones incorporando fotos y cintas, se encuentran disponibles en tiendas locales de papelería y tiendas de regalos, salones nupciales, catálogos de orden por correo, y algunas impresoras de especialidad. Hojee a través del amplio surtido de muestras en los álbumes para obtener ideas, mientras mantiene en mente el grado de formalidad, esquemas de color, y temas que consistentemente expresan su estilo latino.

Para compartir las buenas noticias con personas que no están invitadas a la boda, envíe anuncios de la boda con fecha de correos del día en

Anuncio de la boda arreglo vertical

que usted se casa. Aunque las frases cambiarán un poco, mantenga el diseño consistente con sus invitaciones, ya sea el formato "Y" o el estilo vertical estándar, siguiendo los ejemplos aquí dados.

Los programas de recuerdo de la boda proporcionan a sus invitados una explicación de todo el simbolismo (vea el Capítulo 5) en su boda latina. Los programas pueden ser ordenados de catálogos de invitaciones o tiendas impresoras, o usted puede crear su propio diseño usando un programa de edición en su computadora. Alternativamente, usted puede escribir el programa en una máquina de escribir o escribirlo en caligrafía, copiarlos en papel manila o papel clásico, enrollarlo en forma de pergamino, y atarlo con un anillo decorativo o cintas rizadas en el mismo esquema de color de su boda.

Guías Sobre los Artículos de Escritorio para la Boda

- Informe a sus padres y o padrinos-patrocinadores de su selección del diseño y manténgase dentro de su presupuesto.

- Compare precios—quizás encuentre que las mismas invitaciones o muy semejantes están disponibles en el álbum o catálogo de otra compañía a un costo más bajo.

- Las tarjetas postales de respuesta usadas en lugar de las tarjetas de respuesta con sobres, requieren menos sellos postales y son más baratas de imprimir.

- Tinta de colores, sobres con interiores forrados, direcciones preimpresas de retorno en el sobre exterior, y sellos engomados agregarán cargos extras al precio de su orden.

- Planee comprar notas de agradecimiento, papelería social, tarjetas de colocación, programas de la boda, certificados decorativos de matrimonio, servilletas, y obsequios impresos junto con sus invitaciones.

- Entienda todos los términos de las instrucciones de la orden y términos de pago antes de hacer su compra. Obtenga todos los términos por escrito.

- Ordene unas cuantas invitaciones extras como recuerdo, en caso de errores, y para invitados "olvidados."

- Revise la forma de su orden para errores de ortografía, incluyendo acentos o tildes. Pida por lo menos a una persona más que verifique la forma de la orden.

- Arme y dirija sus invitaciones según las pautas de etiqueta. Deletree y escriba los nombres correctamente, use los títulos apropiados tales como Doctor, Pastor, Capitán, y revise que contengan los códigos postales correctos.

- Asegúrese de que el sobre exterior cuenta con suficiente sellos postales. Coloque los sellos a todos los sobres de tarjeta de respuesta o tarjetas postales.

- Mande las invitaciones por lo menos ocho semanas por adelantado para permitir suficiente tiempo para las respuestas.

- Actualice su lista(s) de invitados conforme recibe las respuestas. Un archivo de tarjeta de índice o una hoja de trabajo pueden ayudarle a mantener un registro.

Flores

En la España medieval, las flores de la boda eran seleccionadas más por su significado simbólico que por decoración. Las novias llevaban  ramos de hierbas y los novios llevaban ramitos de hierbas para simbolizar la fidelidad y la fecundidad. Romero aromático e incluso ajo fueron usados en ramos para desviar a los espíritus malignos celosos de la felicidad de la boda.

Posteriormente, la flor de naranjo (azahar) llegó a ser una flor nupcial popular, primero en España, luego en Francia y América. Las novias llevaban florecitas de naranjo moldeadas en cera cuando las flores frescas no se encontraban disponibles. El simbolismo es significativo: El naranjo es uno de los pocos en toda la naturaleza que da flores y fruto al mismo tiempo-un símbolo de juventud y de la pareja fructífera. El árbol mismo es un árbol de hoja perenne, simbolizando la naturaleza eterna y sin cambios del amor eterno que los recién casados se tienen el uno para el otro.

El simbolismo llevado por las flores puede tener implicaciones culturales negativas. En España, por ejemplo, las dalias y crisántemos se asocian con la muerte. En México, las flores amarillas se asocian con la muerte, las flores púrpura son para los funerales, las flores rojas traen hechizos, y las blancas los quitan. En Guatemala, las flores blancas son para los funerales, y en Chile, las flores amarillas significan reto. En la actualidad la rosa en todas sus variedades es la flor favorita para la boda.

A causa de su belleza y disponibilidad, las rosas son una buena elección. Además de los arreglos de rosas, agregue un toque latino incorporando la flor nacional y nativa de España o Latinoamérica. Escoja el lirio y el narciso miniatura de España, la violeta de arbusto de Brasil, la dalia y el cosmos amarillo de México, la flor araña de Colombia, la begonia de Venezuela, la flor estrella de primavera de Argentina, la flor de copihue y mariposa de Chile, o el azahar español tradicional.

En el suroeste de los Estados Unidos y algunas partes de México, la novia Católica Latina coloca un ramo especial a los pies de Nuestra Señora de Guadalupe al inicio de la ceremonia. Fue en Guadalupe, México, en diciembre de 1531, donde las apariciones de María tomaron lugar. En 1945, el Papa Pius XII proclamó a Nuestra Señora de Guadalupe la Madre de las Américas. Las novias católicas latinas en otras partes de los Estados Unidos colocan también un ramo a los pies de la Virgen María como una ofrenda de acción de gracias o como un pedido de oración para seguir su santo ejemplo en la vida. Por lo tanto, las novias Católicas latinas pueden necesitar tres ramos: uno para llevar, uno para tirar en la recepción, y un tercero para colocarlo a los pies de la Virgen María o en los de Nuestra Señora de Guadalupe.

Haga una lista de todas las flores que se necesitan, teniendo presente las decoraciones del altar, decoraciones de la recepción y centros de mesa, fondo para los asientos, guirnaldas. Seleccione flores para las madrinas, las madres, madrina-patrocinadora, y para otras damas especiales en su boda. Ordene una flor para la solapa del novio que haga juego con las flores de la novia. Obtenga flores para las solapas adicionales para el padrino, los padres, padrino-patrocinadores, y para los otros hombres de honor. Seleccione flores complementarias para los sitios de la ceremonia y la recepción. Si la iglesia lo permite, recicle algunas flores usando los arreglos florales de la ceremonia como decoraciones en el sitio de la recepción.

Flores de Boda

❀ En una boda latina el ramo nupcial es a menudo reemplazado por un libro decorado con flores o un libro de oraciones presentado a la novia por el padrino-patrocinador.

❀ Las flores son presentadas a los padrinos-patrocinadores y a las madres de la pareja durante la ceremonia para honrarlos.

❀ Prepare una pequeña cesta con pétalos para la niña de las flores para que los disperse si ella no lleva un ramo miniatura.

❀ Coloque dos rosas en un cojín y preséntelas más tarde a las madres de la novia y el novio como apreciación por haber dado vida y amor a la pareja.

❀ Use un abanico de encaje como fondo para sus ramos florales para acentuar el tema latino.

❀ Seleccione el ramo nupcial en proporción con su tamaño. Un ramo grande puede ser abrumador para una figura pequeña y un ramo pequeño se perderá entre un adornado vestido de novia.

❀ Siga la práctica mexicana y cuelgue guirnaldas de flores y macetas (cazuelas) de flores sobre la puerta de la novia antes de la boda como una agradable sorpresa.

❀ Haga la reservación de los arreglos florales por lo menos seis meses antes la boda, y un año antes de la boda si sus selecciones son difíciles de importar, si ha seleccionado arreglos excepcionales, o si el día de la boda se encuentra cerca de un importante día festivo, como Día de la Madre, o el Día de los Enamorados.

❀ Considere las flores de seda así como también las flores recién cortadas, o una combinación de flores de seda y flores frescas. Discuta ésto con el florista.

❀ Tenga un presupuesto en mente antes de visitar las florerías.

❀ Trabaje con un florista experto en bodas. Empiece con las muestras del florista, discuta sus preferencias, presupuesto, y nivel de servicio ofrecido por la tienda. Negocie el contrato, inclusive el horario, precio, y multas por cancelación.

❀ Preserve flores frescas de su ramo como un recuerdo. Su florista puede recomendar a alguien capacitado en la conservación de flores.

Fotografía y Vídeo

Un imagen vale mil palabras—¡en inglés o español! Las fotografías y los vídeos rompen la barrera del idioma ya que ellos capturan, comunican, y traducen todas las emociones del día de su boda. Con la tecnología disponible hoy en día, los familiares aún distantes pueden gozar de las escenas de su boda instantáneamente por la Internet.

El contratar a alguien que filme y a un fotógrafo competente es esencial para tener un registro completo de su día especial. Un amigo o familiar puede cobrar menos, y puede que sean profesionales, pero fotografiar una boda es un trabajo dedicado y la persona que realiza la fotografía no puede gozar de la celebración. Use su círculo de familiares y amigos para recabar nombres de fotógrafos recomendados. Usted puede encontrar al fotógrafo correcto por medio de anuncios o a través de las Páginas Amarillas; sin importar la fuente, verifique tanto el nombre del fotógrafo y el nombre del negocio con la Oficina Principal de Negocios para quejas en su archivo. Visite varios estudios para examinar muestras de álbumes de bodas. Pregunte a los fotógrafos que usted entrevista acerca de su conocimiento en primera instancia sobre bodas latinas; ellos han visto muchas, muchas bodas y son un buen recurso olvidado de ideas. Reúna notas y listas de precios de todas las visitas.

Después que usted haya seleccionado a un fotógrafo y persona que tome el video cuyo precio, habilidad y estándares, y personalidad se acomodan a su gusto, negocíe el contrato. Incluya en el contrato todos los honorarios, programas de descuento para contratos de paquete, servicios y protocolo, códigos de uniforme y vestimenta, honorarios de montaje en la ubicación, efectos especiales de foto acabado y video, equipo y trabajadores, conservación de imágenes tales como páginas de álbum libres de ácido y copias extras de vídeo. Incluya también en el contrato una fecha de cuándo las pruebas o negativos y cinta maestra estarán listas. Indague las normas de reservación y cancelación y responsabilidad por imágenes perdidas.

Con bastante anticipación antes de la boda, señale al fotógrafo y a la persona que tomará la película acerca de las tomas de pose y espontáneas que se deben tomar. Haga una lista de éstas escenas que deben de tomarse, y proporciónelas al fotógrafo con un horario de actividades de la boda de principio a fin y una lista de personas envueltas en la boda que estarán disponibles para ayudar. Siguiendo una costumbre anglo-americana, las parejas latinas a menudo se toman una fotografía de compromiso. Las novias latinas en algunas ocasiones se toman su retrato formal de bodas con anticipación para que pueda ser mostrado durante la recepción. Esto no siempre se realiza a causa de supersticiones culturales acerca de llevar y ser vista en su ajuar de novia antes del verdadero día de la boda. El tomarse un retrato de bodas por adelantado agrega costos extras y puede restar la anticipación romántica de la primera contemplación por parte del novio de su hermosa esposa a medida que ella desfila por el pasillo.

Dé cámaras desechables en forma de obsequio durante la recepción para que los invitados puedan tomar fotos espontáneas. Usted tendrá suficientes fotos que podrá incluir con sus notas de agradecimiento.

La Música y el Baile

La música y el baile pueden tornar una reunión ordinaria en una fiesta extraordinaria. La música proporciona un ambiente romántico a una ceremonia solemne y un estilo festivo a una recepción. La música para su ceremonia debe de ser discutida con el oficiante. Algunas iglesias y sinagogas se oponen a cualquier tipo de música no religiosa, inclusive el muy tradicional "Coro Nupcial de Lohengrin" por Richard Wagner y "La Marcha Nupcial" por Mendelssohn Félix. En tales casos, pregunte al director de música que sugiera música sagrada apropiada para su ceremonia. Cuando usted se compromete a los servicios de un organista, pianista, coro, o solista, calcule pagar por sus especiales contribuciones.

Si su ceremonia es llevada en el palacio de justicia u otra ubicación civil, pregunte por restricciones en la música y músicos. Como mínimo, la mayoría de los sitios permitirán grabaciones de audio.

Música de la Ceremonia

Ave María, P. Rubalcava, Publicaciones de la Biblioteca Mundial [World Library Publications]

Amar es Entregarse, tradicional

Como Brates de Olivo, L. Deiss, Publicaciones de la Biblioteca Mundial

Desde este Momento, L. Florían, Publicaciones de la Biblioteca Mundial

Salmo 128, L. Florían, Publicaciones GIA [GIA Publications]

En Cana de Galilea, C. Gabaráin, Prensa Católica Oregon [Oregon Catholic Press]

Para la recepción, emplee a un animador de discos o una banda en vivo. Asegúrese de indagar por todo tipo de honorarios, incluyendo el tiempo extra, requerimientos de arreglos y equipos especiales, su vestimenta para la boda, y las selecciones musicales. Pida artistas y música latina específicamente. No espere que el animador de discos actúe como maestro de ceremonias en la recepción; en lugar pida a un amigo que sirva como maestro de ceremonias para hacer los anuncios necesarios. La música latina en su recepción puede incluir tambores y platillos, guitarra española clásica, o la colorida presencia de mariachis. Tal vez el novio quiera seguir con la costumbre española del cortejo de antaño y dar serenata a su novia (serenatas tradicionales); quizás ella quiera reciprocar con una bella balada.

En la cultura latina donde hay música, hay baile y una amplia variedad de estilos de baile. El merengue, mambo, cha-cha-chá, tango, salsa, y rumba podrían formar parte de la diversión de la recepción. Usted estará lista para dirigir el camino a la pista de baile si usted y su compañero se inscriben en unas cuantas lecciones de baile o repasan unos pasos antes de su boda.

Los bailes en círculo o en línea tales como la *Macarena* y *conga* son populares en las bodas latinas. En las celebraciones de boda en México, los invitados forman un corazón y los recién casados bailan en el centro. Otro baile de bodas mexicano es el Baile de la Serpiente o La Víbora. Las mujeres solteras forman una línea y pasan bajo las manos entrelazadas de la pareja. Cuando la música para, una mujer es "capturada" entre los brazos de los recién casados, muy parecido al juego de niños, "El Puente de Londres Está Cayendo." La novia entonces le entrega su ramo a la mujer capturada. Los hombres solteros realizan el mismo baile y, al final, el novio quita la liga a la novia y la tira ya sea al hombre capturado o a todos los solteros. En otra versión, la novia y el novio se paran en sillas, dándose la cara, y sosteniendo el saco del novio entre ellos como un arco para que la mujeres solteras bailen por abajo y alrededor. Cuando la música para, la novia tira su ramo a las mujeres.

Los bailes tradicionales y populares de otros países latinos incluyen la sardona y el flamenco de España; la samba de Brasil; el baile del sombrero y baile indio del venado (yaqui) de México; la cueca de Colombia y Chile; el joroko de Venezuela; y el carnavalito de Argentina.

Un baile favorito de bodas Latinas es el del dólar, o del dinero, baile en el que la novia y el novio reciben regalos extras de dinero por parte de sus invitados. Existen muchas variaciones del baile. Mientras que los recién casados bailan sus baladas de amor favoritas, los invitados pueden:

- tomar los zapatos de la novia y el novio—o para los Tejanos, las botas del novio—y los pasan alrededor para reunir donaciones,

- arrojan arras y dólares a los pies de la pareja

- pagan por bailar con la novia o el novio

- forman una fila para adherir billetes a la ropa de la pareja

- colocan dinero en sobres pequeños y se los dan al novio quien los pone en una bolsa especial llevada por su novia

- colocan billetes en los labios del novio o de la novia, quien luego pasa los billetes a los labios de su nuevo cónyuge.

El primer baile de la celebración pertenece a los recién casados. Los invitados siguen a la pareja a la pista de baile. En la etiqueta latina se considera de mala educación que la pareja de recién casados dejen la recepción antes que sus invitados, así que ellos se quedan hasta el último baile. Sus invitados pueden estar divirtiéndose tanto que ellos continúan, pero ustedes pueden confiar en la hora de cierre de la sala de recepción para terminar con las festividades.

Transporte

Una dramática llegada y salida de su boda crean una impresión inolvidable. El viaje a la iglesia es majestuoso y callado; el viaje de retirada de la iglesia es tumultuoso y emocionante con las bocinas sonando y los invitados anunciando gustosamente al mundo que ustedes son los ¡"Recién Casados"! El coche de bodas es decorado con flores blancas, seguido por una caravana de miembros del cortejo en coches decorados con los colores de la boda.

Las parejas modernas son muy creativas cuando se trata de vehículos de retirada. Largas limusinas, coches antiguos, y vehículos deportivos de lujo son populares. Otros medios para la partida de la ceremonia o la recepción incluyen los globos aéreos, camiones de bomberos, motocicletas, barcos, helicópteros, tranvías, y carruajes con caballo.

Si usted alquila una limusina, necesitará hacer los arreglos seis meses antes de la boda. Cuando usted visite la sala de exposición, pida los requisitos mínimos de renta, costos de tiempo extra, paquetes de champaña, limitaciones en las decoraciones, y propinas. Especifique las fechas de entrega y retorno cuando negocíe el contrato final. Prepare mapas, direcciones, y el horario de la boda para el chófer(es). Como con todo lo demás, obtenga todos los términos por escrito.

Si usted usa sus propios coches en el día de su boda, téngalos limpios, encerados, y abastecidos con gas. Decore los coches sin comprometer la seguridad. Controle el acceso a su coche si usted no quiere que sea decorado por un comité espontáneo y entusiasmado de bien intencionados.

Para un trato verdaderamente real, cubra el camino desde la puerta del coche de la novia hasta la iglesia con una alfombra roja alquilada de una tienda local de alfombras. Luminarias enmarcando el camino a la entrada para el sitio de la ceremonia o la recepción son muy bonitas y muy latinas, pero requieren de precauciones especiales. Las luminarias se hacen colocando velas en bolsas de papel que son asentadas con arena. **Advertencia:** Cuidado especial se debe ejercer cuando se usan velas al nivel del suelo alrededor de niños y vestidos con vuelo.

Después de la recepción, puede confiar en que sus asistentes de honor y/o los padrinos-patrocinadores devuelvan los artículos alquilados tales como el candelabro, banquitos para arrodillarse, y decoraciones grandes de la boda (por ejemplo, arcos o columnas), para que usted no tenga que preocuparse de tales detalles.

La Ceremonia

¡Usted ha pasado meses esperando, planificando, gastando, coordinando, decorando, teniendo emociones, celebrando, y ensayando para el día especial tan esperado!

La ceremonia es el corazón y la razón de todas sus preparaciones, y ante usted en este momento se encuentra la culminación de todos sus esfuerzos. Aquí, juntos, ustedes se encuentran en un bello ambiente, resplandeciendo de felicidad, rodeados por aquellos que a quien ustedes aman mirando como ustedes prometen amarse y honrarse el uno al otro. Aunque ustedes pudieron haber soñado (o a veces tenido pesadillas) de su boda estilo latino, estén seguros de que, con su organización y preparación, todo saldrá bien.

Una Ceremonia Cristiana-Latina de Bodas

(Cortesía de Weddings Beautiful Worldwide [Hermosas Bodas en el Mundo])

- Las velas son encendidas.

- Los padrinos-patrocinadores (padrinos) que patrocinan la Biblia se sientan.

- Los padrinos que patrocinan las arras se sientan.

- Los padrinos que patrocinan el lazo se sientan.

- Los padrinos que patrocinan los cojines de boda los colocan donde la pareja se arrodillará, y se sientan.

- La madre de la novia es acompañada a su asiento del brazo izquierdo de un ujier.

- La madre del novio es acompañada a su asiento del brazo izquierdo de un ujier, y sentada por su esposo.

- El oficiante, el novio, y el padrino entran por el costado.

- Las asistentes de la novia entran, acompañadas por los asistentes del novio.

- La madrina entra.

- La niña de las flores y el portador del anillo entran.

- La novia entra del brazo izquierdo de su padre y camina por el pasillo con la música de procesión.

- El oficiante da la bienvenida a todos.

- El padre de la novia "la entrega" y toma su asiento enseguida de su esposa.

- El oficiante da las bendiciones sobre la pareja y por el día, y lee selecciones especiales escogidas por la pareja que se une.

- El solista o los músicos cantan o tocan.

- Los padrinos presentan la Biblia a la pareja y retornan a sus asientos.

- Los padrinos presentan las arras en un cofre a la pareja y retornan a sus asientos; el novio toma las trece arras del cofre y, conforme él repite los votos, las coloca, una por una, en las manos de la novia. Después de que ella recibe las arras, ella las pasa a su madrina de honor para que las guarde. En una variación de esta costumbre, los padrinos entregan las arras en una bolsa de encaje o de raso al sacerdote quien las bendice y las coloca en la palma del novio. El novio entonces presenta la bolsa a la novia, o vierte las arras en su palma, quien de igual manera se las regresa a él. El entonces se las da al padrino. Las arras pueden se de oro o pueden ser monedas mexicanas, españolas, americanas, u otra moneda latina, bañadas en oro.

- La pareja intercambia los anillos de matrimonio y votos.

Una Ceremonia Cristiana-Latina de Bodas

- La pareja se arrodilla en los cojines para la presentación del lazo; los padrinos colocan el lazo alrededor de los hombros de la pareja con la cruz colgando en el centro entre los dos. La madrina coloca la lazada izquierda sobre la novia mientras el padrino coloca la lazada derecha sobre el novio.

- La pareja permanece arrodillada para la ceremonia del velo. La ceremonia del velo reemplaza en ocasiones la presentación del lazo.

- La madrina y el padrino permanecen parados detrás de la pareja mientras ellos reciben la comunión. La madrina sostiene la mantilla lejos de la cara de la novia para la bendición de la comunión y la eliminación del lazo.

- Las madres de la novia y del novio se acercan y encienden dos velas pequeñas en el candelabro y las pasan a la pareja quienes a su vez juntos encienden la vela central.

- El oficiante da las bendiciones finales y pronuncia a la pareja marido y mujer.

- El novio levanta la mantilla y besa a la novia.

- La novia marcha por el pasillo del brazo izquierdo del novio con la música de retirada apropiada.

- El cortejo los sigue.

- Una tradición colombiana que se mantiene es que las mujeres solteras invitadas tratan de hurtar la flor de la solapa del novio después de la retirada, antes de que él llegue a la recepción. Se cree que quienquiera que se la quite será la próxima en casarse.

Simbolismo de la Boda Cristiana-Latina

(Cortesía de Weddings Beautiful Worldwide [Hermosas Bodas en el Mundo])

❋ En las bodas latinas, el caballero siempre escolta a la dama en el brazo izquierdo porque la coloca cerca de su corazón. En la tradición anglosajona, un caballero acompaña a una dama en el brazo derecho para protegerla de caballos, lodo, o de la basura en la calle.

❋ La madre de la novia es acompañada a su asiento antes que la madre del novio, simbolizando que ella es la huésped de honor de la boda.

❋ Los padrinos presentan a la pareja una Biblia o un libro de oraciones para alentarlos a orar. Con frecuencia es un libro de cubierta dura con un acabado perlarizado o elaboradamente decorado con encaje y acabado de perlas e impreso con los nombres de la pareja y la fecha de la boda.

❋ La pareja se arrodilla para una bendición—un símbolo de su humildad ante Dios—en un cojín especial bordado con un pensamiento favorito, verso bíblico, o con los nombres de la pareja y la fecha de la boda.

❋ En la ceremonia de velo, los padrinos-patrocinadores arreglan el velo de novia sobre los hombros del novio mientras la pareja se arrodilla. En una variación se usa un chal especialmente diseñado (mantón o echarpe) para cubrir los hombros de la novia y del novio, simbolizando que aunque la pareja puede llevar cargas inesperadas en el matrimonio, ellos siempre estarán cubiertos y protegidos por el amor de Dios.

❋ El lazo es una cuerda de tela, una guirnalda floral, o un rosario largo enlazado alrededor de la pareja para unirlos como esposo y esposa. El lazo es atado en forma de figura ocho, símbolo matemático de infinito, como símbolo de para siempre y por toda la eternidad.

❋ Las trece arras (arras o monedas) presentadas a la novia por el novio simbolizan el compromiso del novio para cuidar de su novia y hacer de su riqueza la suya. El pasar las arras de uno hacia el otro es un símbolo de compartimiento de los bienes materiales, en la riqueza y en la pobreza. El número de arras—trece—es significativo. En la España Católica el número trece representa a Cristo y a sus doce apóstoles.

Simbolismo de la Boda Cristiana-Latina

❧ El cofre en el cual las arras se mantienen es a menudo elaborado y refleja la posición de la familia. La caja puede ser decorada con joyas, pinturas religiosas, o con perlas, o puede estar enchapada en oro, y puede ser transmitida de una generación a otra. Una bolsa de encaje o raso, un cojín especialmente diseñado, o un pañuelo pueden ser usados también para mantener las arras e incluso los anillos de matrimonio.

❧ Los anillos se intercambian para simbolizar la fuerza y la eternidad del amor. Los latinos no siempre intercambian anillos; por centenares de años, las novias españolas llevaron un collar hecho de las arras en lugar de un anillo de boda.

❧ Las rosas colocadas en los cojines para arrodillarse al inicio de la ceremonia son presentadas por la pareja a sus madres como muestra de apreciación por el regalo de la vida y amor de las madres.

❧ La vela de la unidad es encendida para recordar a la pareja que Jesús es la Luz del Mundo. Los padres de la pareja o las madres encienden las velas exteriores de un tri-candelabro. La pareja entonces toman las velas encendidas por sus padres del candelabro y encienden juntos la vela central para simbolizar la unión de dos familias.

Proporcione a sus invitados un programa de la boda como recuerdo explicando todo el simbolismo especial en su ceremonia Cristiana-Latina. Incluya el orden del servicio, letra de la música, traducción al español o al inglés como sea apropiado, y el reconocimiento de los miembros de la comitiva de la boda.

Para un matrimonio civil y mixto, y para otros tipos de ceremonias, consulten con el oficiante acerca del orden de la ceremonia apropiado para sus circunstancias. Imagine, planee, y ensaye la ceremonia. Discuta las tradiciones y costumbres latinas con el oficiante para que todos sepan qué esperar en el día de la boda. Escriba el orden de la ceremonia, refina y ajuste, y haga copias para todos aquellos que tengan un papel que desempeñar.

Procesión Cristiana-Latina

Sacerdote o Ministro

Novio

Padrino

Padre del Novio *(sentado)*

Madrinas | Padrinos

sosteniendo

Biblia	*Biblia*
Arras	*Arras*
Lazo	*Lazo*
Cojín para arrodillarse	*Cojín para arrodillarse*

| Madre de la Novia | Ujier |
| Madre del Novio | Ujier |

Madrinas

Madrina de Honor

Niña de las Flores | Portador de Anillos

Novia | Padre de la Novia

 ## Posiciones en el Altar

Sacerdote o Ministro

Novia	Novio
Madrina de Honor	Padrino
Niña de las Flores	Portador de Anillos
Madrinas	Ujieres

| *(sentados)* Padres de la Novia | Padres del Novio *(sentados)* |

| Madrinas | Padrinos |

(sentados hasta el momento de la presentacíon de la Biblia, arras y lazo)

La Despedida Cristiana-Latina

En las bodas Latinas, las mujeres son escoltadas en lado izquierdo del hombre.

Padrinos 🌸 Madrinas

Padre del Novio 🌸 Madre del Novio

Padre de la Novia 🌸 Madre de la Novia

Ujieres 🌸 Madrinas

Padrino 🌸 Madrina de Honor

Portador de Anillos 🌸 Niña de las Flores

seguidos por

Novio 🌸 Novia

La Recepción

Los latinos tienen mala reputación cuando se trata de celebrar, y su boda es causa para una gran celebración. La recepción de la boda es el gran acontecimiento—la fiesta grande—que honra su posición de recién casados.

Para que su recepción sea un gran éxito, todos los detalles y logística necesitan de una atención cuidadosa.

Planeación de la Fiesta

El sitio. Localice un lugar que sea privado, accesible, y suficientemente grande para tener su recepción. No se limite a un salón de banquetes o a un salón de hotel. Considere un yate o un barco crucero, el jardín de un parque, haciendas o mansiones históricas, un museo o galería de arte, el edificio de una universidad, el comedor de un restaurante, un teatro, una arena deportiva, pista de patinar sobre hielo, la playa, una piscina, o el hogar. Reserve la fecha y la hora por lo menos seis meses antes de la fecha de la boda.

Precio. Indague los depósitos para reservar el sitio, costos del servicio, limpieza u honorarios de tiempo extra, impuesto y propinas, y los métodos del pago y horarios. Manténgase dentro del presupuesto, negocíe los contratos, y cerciórese de que todo se encuentre incluído en el contrato por escrito.

Servicio. Investigue acerca de los camareros, asistentes para estacionamiento, guardias, cantineros, y otros que atienden su recepción. Cerciórese de que haya suficiente personal para proporcionar los servicios solicitados. Haga saber al director del sitio si esfuerzos coordinados con sus otros vendedores de servicios (proveedor de banquetes, panadero, músicos, fotógrafo y la persona que toma la película, y el florista) serán necesarios.

Línea de Recepción. Tenga una línea para recibir en su recepción; puede ser la única oportunidad para que usted salude a sus invitados

Línea de Recepción

Madre de la Novia
Padre de la Novia
Madre del Novio
Padre del Novio
Novia
Novio
Madrina de Honor
Madrinas

La línea de recepción es la misma que en las bodas Anglosajonas, con la excepción de que el padre por lo general forma parte de esta.

individualmente. En la costumbre latina, como en la anglosajona, el orden de una línea de recepción tradicionalmente comienza con la madre de la novia, después la madre de novio, la novia, el novio, la madrina de honor, y las madrinas. Los padres de los recién casados pueden o no pueden ser incluídos, pero si los padres forman parte de la línea de recepción, ellos se paran a la izquierda de sus esposas. Muchos latinos incluyen a sus padres en la línea a causa de los fuertes valores familiares. Los padrinos-patrocinadores pueden formar parte de la línea de recepción, pero ésto da lugar a una larga línea, así que con frecuencia, ellos son omitidos. Los ujieres no son parte de la línea de recepción.

El Arreglo de los Asientos. Típicamente, los recién casados y sus asistentes se sientan en una mesa central en frente de sus invitados. Existen muchas variaciones del arreglo de asientos para la mesa principal, pero los recién casados siempre se sientan en el centro. El padrino se sienta enseguida de la novia mientras que la madrina de honor se sienta enseguida del novio. El resto de los asistentes se sientan en la mesa principal, alternando hombres con mujeres. Otro arreglo de asientos coloca a las asistentes de la novia a su lado y a todos los asistentes del novio de su lado, con sus asistentes de honor sentados cerca de la novia y el novio.

Los padres de los recién casados se sientan en una mesa separada, juntos o separadamente. La mesa de los padres de la novia puede incluir a sus abuelos, y la mesa de los padres del novio pueden incluir a sus abuelos. Todos los padrinos-patrocinadores pueden ser sentados juntos en una mesa especial o con sus propias familias.

Dé consideración especial a los arreglos de los asientos si alguno de los padres de los recién casados es divorciado. Use tarjetas de ubicación para permitirle a todos, incluyendo a la comitiva de la boda, saber dónde deben sentarse.

El menú. ¡Goce de un gran banquete con una abundancia de alimentos! Para los latinos, el servir sólo pastel y refresco no es suficiente; ellos quieren una variedad de platillos en cantidades masivas. Sirva una comida completa u ofrezca un bar de comida con estaciones de alimento. Complemente el menú de la recepción de su boda con alimentos tradicionales para fiesta.

Alimentos de la Fiesta

Aperitivos (Tapas), Primeros Platillos, Sopas, y Ensaladas

- Empanadas rellenas de carne
- Buñuelos o bocados fritos (fritangas)
- Tostaditas de tortilla (tostaditos) y salsa (incluyendo guacamole y pico de gallo)
- Ensaladas y verduras mixtas (frijoles, chiles, tomates, y elote)
- Platillos de Chile con queso
- Sopas y arroz
- Platos de pequeñas salchichas (chorizo)

Platillos principales/ Platillo Fuerte

- Asados (asados, lechón) carne a la parrilla (pollo, carne de res, y puerco)
- Bar de fajitas y tacos
- Enchiladas
- Tamales
- Plato de tripa de carne de res(menudo)
- Paella
- Mariscos frescos—populares en regiones costeras y en el Caribe
- Pollo o pavo con salsa de mole-adaptada de los indios
- Ternera o carne de res en caldo de chile (birria)—de México

Postres y Bebidas

- Frutas frescas
- Plátano (tostones)
- Sopapillas
- Buñuelos
- Flan
- Galletas(jarascas) incluyendo bizcochitos/polvorones (receta en la p.11)
- Pastel
- Cervezas importadas, bebidas alcohólicas, y cafés de Centro y Sudamérica

Los latinos judíos sirven sólo alimentos kosher (no puerco ni mariscos) en la recepción. Tenga cuidado de no servir carne y productos lácteos en la misma comida. Los banquetes judíos de boda comienzan con la bendición, el cortar, y compartir una barra de pan trenzado (challah) como una ofrenda comunal. Los musulmanes latinos siguen también las estrictas pautas religiosas con respecto a la comida. Los artículos de Halal son aceptables. Para recetas específicas para fiestas, kosher, y alimentos musulmanes, busque libros de cocina en la biblioteca o en la Internet.

Pida que su familia prepare algunos platillos típicos para sus invitados si el director del sitio permite que alimentos de fuera sean traídos a la recepción. Cerciórese de que haya suficiente alimento para alimentar a todos los invitados, con amplias reservas.

El pastel. Permite a los recién casados saborear la dulzura de la vida matrimonial. Antes de ordenar el pastel de boda, visite a varios panaderos. Su panadero puede, manteniendo el presupuesto en mente, decorar un delicioso pastel de boda con sus sabores, colores, tema, para crear el centro de mesa principal. Visite unas cuantas panaderías para obtener ideas de diseño, incluyendo hileras, capas de pastel, fuentes, o puentes. Corte el pastel tomada de la mano de su cónyuge con un cuchillo y un servidor decorados. Los camareros cortarán el resto y distribuirán las rebanadas a sus invitados.

Para latinos de la herencia caribeña, el tradicional pastel de boda es una tarta de frutas bañada con ron. Una encantadora tradición de las Bermudas es de poner en el pastel un retoño de árbol, que más tarde se planta en honor del amor de los recién casados y de la vida creciente juntos. Una antigua costumbre argentina y peruana de pastel de boda es que el pastel se decora con cintas de varios colores (semejante a las costumbres victorianas y anglosajonas americanas sureñas). Una de las cintas tiene atado un anillo con un diamante falso. Antes de que el pastel se corta y se sirve, las mujeres solteras en la recepción estiran las cintas. La que obtenga la cinta con el anillo se casará durante el año. Si la boda no acontece, la tradición pide que la novia ofrezca una fiesta en su honor.

Bebidas Tradicionales

País	Bebida
Argentina	Mate (una bebida no alcohólica)
Bolivia	Ron
Brasil	Cachaca
Chile	Pisco (licor de uva) o vino Chileno
Colombia	Aguardiente ó ron
Costa Rica	Guaro o chirrite
Cuba	Ron
Ecuador	Chicha
El Salvador	Vino
Guatemala	Aguardiente
Honduras	Ron
México	Tequila o pulque
Nicaragua	Chicha
Panamá	Vino
Paraguay	Cana (coñac local)
Perú	Cana (coñac con base de uva) o Pisco
España	Vinos españoles o coñac
Uruguay	Grapa, cana, Ron, coñac
Venezuela	Ron

El brindis. El brindis es el momento en que la comitiva de la boda dice lo que sienten en sus corazones. Asigne a alguien para que proponga el brindis para la novia y el novio. Este deber recaer generalmente en el padrino. Haga un discurso breve, de buen gusto, y sincero. Concluya con un brindis latino. Asegúrese de considerar un brindis bilingüe. Infórmese acerca de las leyes de licor en su área, las normas del sitio de la recepción sobre el consumo de alcohol, las restricciones religiosas y dietéticas, y cualquier honorarios de corcho. Si usted no está sirviendo champaña, considere uno de los vinos o espíritus preferidos de los países latinos, como lo es sugerido en *El Libro Completo sobre Brindis de Boda* [*The Complete Book Of Wedding Toasts*] por Diane Warner.

Decoraciones y Obsequios. Refuerce su estilo de boda en su recepción con decoraciones creativas. Flores, globos, arcos, campanas, y velas en su esquema de color de la boda enfatizan la festividad de la celebración. Arregle y decore una mesa asignada para el libro de invitados y otra para los regalos y tarjetas. Los abanicos son un tema español popular y folklórico que podrían ser usados para diseñar los centros de mesa; o las servilletas dobladas en forma de abanicos. Los sombreros miniatura es otra divertida y colorida idea. Si niños asistirán a su recepción de boda, entreténgalos con una piñata que usted puede hacer o comprar en un surtidor para fiestas o una tienda de arte. Los obsequios son distribuídos a los invitados como un recuerdo de la fiesta de boda para darles las gracias por asistir. Los obsequios son también una manera de compartir la buena suerte de la pareja de casados. Los obsequios típicos incluyen dulces (atados en tul o colocados en diminutos platos de porcelana), cajas de cerillos, libretas de notas, rosas de arroz, botellas de perfume, artículos tejidos, o fotografías en un pequeño marco para retratos.

Brindis Latino

Argentina, Bolivia, Brasil
Salud (¡A su salud!)
Colombia
Brindo por [nombres de la novia y novio]
México
Salud y amor
España
Salud, pesetas y amor...y tiempo para gozarlos
Venezuela
A la salud

Fotografía Rice

La Muñeca de Novia con capias adheridas

Otra idea sobre decoración y obsequios de Puerto Rico es centrada en una muñeca vestida como una novia. La tradición pide que se coloquen los obsequios (capias) en el vestido de la muñeca. Durante la recepción, la novia quita éstos obsequios de cintas de la muñeca y los prende con un alfiler en cada uno de los invitados de la boda. Las cintas se imprimen generalmente con los nombres de la novia y el novio y la fecha de la boda.

Horario de Acontecimientos. Discuta con su maestro de ceremonias el orden de la recepción resumiendo un horario tentativo de actividades. Incluya un programa para invitados en cada mesa para que ellos puedan ver y esperen con ansias la próxima presentación especial.

Horario de la Recepción de la Boda

Llegada de los invitados, el cortejo, y de los recién casados

Formación de la línea de recepción

Discurso y oración de bienvenida

Introducción del cortejo y de los recién casados

La comida

Corte del pastel

Brindis y otros anuncios de buenos deseos

Lanzamiento del ramo

Lanzamiento de la liga

Entretenimiento

Juegos

Una breve historia del amor de la pareja

Baile

Despedida

Luna de Miel
y el Hogar

Desde el momento que usted dijo "sí" a la propuesta de su novio, hasta el momento en que ambos afirman "lo(la) acepto" su vida es un torbellino constante de actividades enfocadas en la boda. Finalmente, solos para relajarse con su nuevo cónyuge, ust-

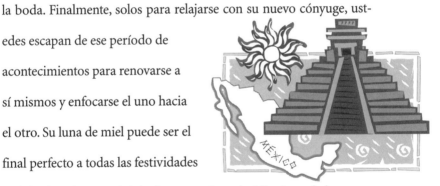

edes escapan de ese período de acontecimientos para renovarse a sí mismos y enfocarse el uno hacia el otro. Su luna de miel puede ser el final perfecto a todas las festividades de la boda y el gozoso inicio de un matrimonio feliz si usted planea sus viajes por adelantado. Continúe el tema latino de su boda planeando una "luna de miel de herencia."

Considere visitar las tibias y soleadas islas latinas en el Caribe, explorar las antiguas civilizaciones Aztecas, Mayas e Incas y los exóticos bosques tropicales de Centro y Sudamérica, o ir por el litoral Mediterráneo de España. Dondequiera que usted planee viajar, contacte su agente de viajes o a la Oficina de Turismo del destino sobre ideas iniciales. Coordine su fecha de boda con su horario de luna de miel, si es posible, o puede ser mejor planear un viaje de aniversario para conmemorar su primer año; de esa manera ambos pueden tomar tiempo libre del trabajo o de la escuela sin las presiones adicionales de la boda. Las parejas conscientes del presupuesto deben evitar viajar durante las temporadas altas. Verifique las tasas de fluctuación y competencia para los precios de boletos aéreos y precios de cruceros. Compare los precios de hoteles y de renta de coche. Use los boletos de viajero frecuente y de descuento. Considere un viaje de paquete. Además de llevar dinero en cheques de viajero y tarjetas de crédito, lleve cambio en efectivo para los taxis, propinas, y para las compras pequeñas.

Haga sus arreglos de viaje por lo menos seis meses antes de su luna de miel. Fije el tiempo de salida bastante después de la ceremonia para darle tiempo de encontrar su vuelo. Confirme estos arreglos una vez más tres meses antes del viaje y una semana antes de su boda.

Antes de la salida, actualice su pasaporte y obtenga cualquier inmunización necesaria. Cerciórese que las recetas de medicamentos hayan sido surtidas, y compre medicamento para prevenir el mareo por si lo llegara a necesitar.

Unos cuantos días antes del viaje, revise las noticias para actualizaciones sobre el clima, y empaque para su viaje. Aprenda por lo menos un poco del idioma para que le dé una ventaja en comunicarse. Haga una lista de las actividades que usted quiere que hagan juntos como pareja y de aquéllas que usted hará sola. Lea las guías turísticas acerca del destino de su luna de miel y note alguna precaución especial. Tres días antes del viaje, revise las noticias para actualizaciones sobre el clima y empaque para su viaje. Prepárense para cualquier choque cultural. Proteja su dinero y objetos de valor contra robo de la misma manera que usted lo hace en cualquier viaje.

Durante su luna de miel, escriba tarjetas postales a sus seres queridos. Mantenga un diario del viaje o un diario. Coman, compren, visiten, relájense, y gocen la compañía el uno del otro. Sueñen acerca del futuro que ustedes compartirán juntos. Su luna de miel dura unos cuantos días, pero recuerden sus votos de boda y acuérdense que el matrimonio dura una vida.

Notas de Agradecimiento

Muestren su apreciación a todas aquellas personas que tomaron parte en su boda dando a cada persona un regalo especial durante las fiestas antes de la boda. Si usted ofrece una reunión después de la boda en su nueva residencia, hónrelos una vez más entregando algunos recuerdos de su luna de miel. Ellos apreciarán su delicadeza y apreciarán las auténticas artesanías latinas de su viaje. Dé las gracias a todos ellos, y a sus invitados, escribiendo notas que reconozcan los regalos que usted ha recibido. Sea diligente escribiendo estas notas. Muchas personas se han sacrificado para ayudarlos a preparar esta ocasión de gran importancia; es una amabilidad transmitir su apreciación con un gracias sincero. Personalice cada tarjeta escribiendo con buena letra de mano su expresión de gratitud. Incluya la fecha, saludos con el nombre del donador del regalo, un mensaje breve que mencione el regalo y cómo será usado en su vida de casados, y un fin. Existen muchos libros en su biblioteca local que los pueden ayudar a decir la cosa correcta. Dos de los libros especializados que le pueden ser útiles son: *Guía de Agradecimiento de la Novia: Escribir Gracias Hecho Fácil* por Pamela A. Piljac y *La Guía de Escribir Notas de Gracias* por Laura Robbins.

Y Fueron muy Felices

Cuando usted regrese de su memorable luna de miel, usted cruza el umbral a una nueva posición marital. Tome tiempo para ajustarse el uno al otro y a sus nuevos arreglos de vida. Escriba las notas de agradecimiento inmediatamente. Limpie y preserve su vestido de boda. Seleccione las pruebas que ustedes querrá que sean parte de las fotos para su álbum de boda. Planee una cena romántica para recordar el día de su boda. Antes de que ustedes se den cuenta, estarán celebrando el primero de muchos aniversarios.

El entusiasmo de la boda y la luna de miel tal vez haya pasado, pero con una actitud positiva, humor, compromiso, fidelidad, confianza, honestidad, y con comunicación, su relación será sólida y saludable y su amor perdurará. Y siempre y cuando las tradiciones y costumbres latinas sean practicadas, nuestra herencia no se olvidará. ¡Viva el amor!

Glosario

arras	Las 13 monedas intercambiadas entre el novio y la novia durante la ceremonia de la boda
azahar	Flor del Naranjo
capias	Cintas impresas con el nombre de la pareja y la fecha de la boda, generalmente colocadas en una muñeca nupcial y dadas como obsequios
cazuela	Macetero de barro para flores
compadrazgo	Co-paternidad; sistema de apadrinar
corona	Tiara/corona; tocado nupcial para la cabeza
echarpe	Chal, estola
guayabera	Camisa floja para hombres con bordados
lazo	Un lazo, rosario, o guirnalda colocado sobre los hombros de la novia y del novio durante la ceremonia que simboliza la unidad
madrina	Madrina o patrocinadora de la boda
mantilla	Chal de encaje
mantón	Chal, estola

padrino	Padrino o patrocinador; también se refiere a los padrinos-patrocinadores masculinos y femeninos de la boda
peineta	Peine ornamental
quinceañera	La celebración del 15avo. cumpleaños de una joven
La Víbora, La Viborita	Baile de la Víbora

Fuentes

Esta guía no es exhaustiva, pero puede proporcionar dirección para la planificación de su boda latina. Para más información e ideas adicionales, contacte a la cámara de comercio latina local, el centro cultural, el departamento de Lengua y Literatura Española de la universidad o el colegio, comité de turismo, y embajadas; revise su guía telefónica para otras listas; y navegue la Red Mundial [World Wide Web].

Vestimenta de la Boda y Accesorios

Información sobre Vestidos de Novia y Vestidos Formales

Carolina Herrera Bridal Collections
>501 7th Avenue
>New York, NY 11377
>*Phone:* (212) 944-5757
>*Fax:* (212) 944-5020
>
>La diseñadora Carolina Herrera nació en Caracas, Venezuela. Escriba a su compañía para una lista de tiendas en su área que distribuyan sus colecciones.

Pronovias USA, Inc.
>1 Johnson Road
>Lawrence, NY 11559
>*Phone:* (516) 371-0877
>*Fax:* (516) 371-0880
>*Website:* www.pronovias.com
>*E-mail:* info@pronovias.com

Esta compañía se inició en Barcelona, España, y se ha convertido en uno de los especialistas en vestidos de novia y vestidos formales más grandes del mundo. Contáctelos para una lista exclusiva de las tiendas al por menor más cercanas usted que vendan sus diseños.

International Fabricare Institute

The Association of Professional Dry Cleaners and Launderers
12251 Tech Road
Silver Spring, MD 20904
Phone: (301) 622-1900

Envíe para su copia gratis de "Vestidos de Boda: El Cuidado de Sus Telas" [en inglés].

Wedding Gown Specialists

Phone: (800) 501-5005

Llame al número de llamada gratis para encontrar a un especialista de vestidos de boda en su área para preservar y restaurar su vestido de boda.

Tuxedos y Guayaberas

International Formalwear Association

401 North Michigan Avenue, Suite 2400
Chicago, IL 60611-4267

Para un folleto gratis de "Su Guía de Vestimenta Formal," [en inglés] envíe a esta organización un sobre auto dirigido con sellos postales pagados.

Oscar de la Renta

550 Fashion Avenue
New York, NY 10018-3203
Phone: (212) 354-6777

Oscar de la Renta nació en Santo Domingo, la República Dominicana, y estudió bellas artes en Madrid, España. La mayoría de las tiendas de tuxedos tienen su firma de vestimenta formal.

The Guayabera Shirt Company

8870 SW 40th Street (Bird Road)
Miami, FL 33165
Phone: (305) 480-0967

Fax: (305) 485-1114
Website: www.guayaberashirt.com
E-mail: coolwear@wwbcity.com

Esta compañía se especializa en vestimenta clásica latina para hombres.

Velos y Accesorios

Jendro Hats and Veils
Website: www.jendro.com

Jendro Hats and Veils—el cual ha sido clasificado número uno en servicio al cliente, en entrega, y en arreglos durante una encuesta hecha en todo el país por Bridal Information Resources—tiene una amplia variedad de tocados nupciales para la cabeza. Los tocados de Jendro se encuentran disponibles en su salon nupcial.

Lands Far Away Imports
8340 Ulmerton Road, Suite 200
Largo, FL 33771
Phone: (727) 524-6968
Website: www.boutique-flamenco.com
E-mail: Tina@Boutique-Flamenco.com

La propietaria Tina Benayas importa una gran selección de accesorios de boda, velos (mantillas), chales, abanicos de encaje, artículos de baile flamenco, y música de España. Ella también enseña, dirige, y realiza la coreogreafía de varios bailes de estilo latino en su estudio.

Invitaciones

Catálogos Gratis

Para catálogos gratis de invitaciones por correo, artículos de escritorio, obsequios, decoraciones, ligas, copas para brindar, y otros artículos de boda, llame a los números de llamadas gratis de cada compañía o visite este sitio en la red mundial: www.catalog.orders.com. La mayoría pueden imprimir las invitaciones en español.

American Wedding Album (800) 428-0379
Ann's Wedding Stationery (800) 557-2667
Camelot (800) 280-2860
Creations by Elaine (800) 323-2717
Dawn (800) 528-6677
Dewberry Engraving Company (Southern USA) (800) 633-6050
Evangel (Christian) (800) 342-4227
Invitations, Etc. (800) 709-7979
Jamie Lee (800) 288-5800
Now and Forever (800) 451-8616
The Precious Collection (800) 553-9080
Romantic Moments (800) 826-2704
Wedding Traditions (800) 635-1433
Willow Tree Lane (800) 219-9230

Artículos de Escritorio

Crane and Company, Inc.
30 South Street
Dalton, MA 01226

Escriba para el folleto de información "Invitaciones de Boda y Anuncios" ["Wedding Invitations and Announcements," en inglés]

C.R. Gibson Company
32 Knight Street
Norwalk, CT 06858
Phone: (203) 847-4543

Esta compañía tiene invitaciones y algunos productos latinos de boda.

Carlson Craft
Phone: (800) 292-9207

Stylart
Phone: (800) 624-6181

Tatex Thermographers
P.O. Box 2660
Waco, TX 76702
Phone: (817) 799-4911
Fax: (800) 521-8576

Tatex Thermographers tiene un album especial conteniendo invitaciones latinas y productos tales como el lazo, cofre de monedas, y Biblias perlarizadas. Contáctelos por información acerca de un comerciante de Tatex cercano a usted.

Cosas Necesarias para la Boda

Flores

Fantastica Bride Flora Ltd.
    3517 South Halsted
    Chicago, IL 60609

    Esta compañía latina fabrica ramos de fantasía, tocados para la cabeza, y velos. Publica también una revista bilingüe, *La Novia B. Linda.*

Música y Baile

Benayas School of Flamenco and Belly Dance
    Refiérase a la anteriormente mencionada Lands Far Away para lecciones de baile latino y grabaciones importadas de flamenco, guitarra española, y otras grabaciones musicales.

Transporte

National Limousine Association
    Phone: (800) NLA-7007

    Llame para una referencia de compañías de limusina en su área.

Pasteles

Duncan Hines Kitchen Connection
    Procter and Gamble
    Public Affairs Division
    P.O. Box 599
    Cincinnati, OH 45201-0599
    Phone: (800) DH-MOIST or 346-6478

    Contáctelos para una copia gratis del folleto, *Instrucciones del Pastel de Hileras y Fiestas* [en inglés].

Sara Lee Wedding Cake
325 West Huron, Suite 315
Chicago, IL 60610

Envíe un sobre estampado autodirigido para información sobre pasteles de boda [en inglés].

Wilton Enterprises
2240 West 75th Street
Woodridge, IL 60517
Phone: (630) 963-7100

Wilton es muy conocido por sus clases y productos de decoración de pasteles (cimas de pasteles, accesorios de boda, figurillas, obsequios, los soportes del pastel, y utensilios para hornear). Vea *El Anuario actual de Wilton* [en inglés], disponible en la mayoría de las tiendas de arte, pasatiempos, y de suministro de pasteles y dulces, para diseños de pastel de boda y recetas de alcorza. También disponible se encuentran *La Guía Wilton de Planificación de Boda* [en inglés] un libro de instrucciones sobre obsequios de la celebración.

Obsequios y Misceláneos

San Francis Imports
1919 N. Victory Place
Burbank, CA 91504-3425
Phone: (800) 882-4916
Website: www.sanfrancis.com
E-mail: sfi@sanfrancis.com

Esta compañía es un importador y fabricante de materiales religiosos y obsequios. Usted puede comprar el rosario doble, cofre de monedas, Biblias, invitaciones, y conjuntos latinos de boda de algún detallista cercas de usted.

Consultores de Belleza

Mary Kay Cosmetics
Phone: (800) Mary Kay or 627-9529

Pida a Mary Kay una lista de especialistas de belleza independientes que trabajarán con usted y sus asistentes de boda para crear una encantadora presentación en la boda.

Fotografía y Vídeo

Rice Photography

3119 Lorain Road
North Olmsted, OH 44070
Phone: (440) 979-0770
E-mail: PRfisheye@aol.com

Patrick Rice, M. Photog. Cr., PPA, y su esposa, Barbara Fender-Rice,
Cr. Photog., PFA, han fotografiado bodas y tienen conocimiento
acerca de las costumbres Latinas

Professional Photographers of America

1090 Executive Way
Des Plaines, IL 60018

Envíe un sobre estampado auto dirigido para recibir lo que *Cada
Novia Debe Saber acerca de la Fotografía de la Boda* [en inglés].
Usted puede solicitar también una lista de miembros fotógrafos y de
toma de vídeo profesionales en su área.

Revistas

Latina Bride

1015 West Lake Avenue
Suite 208
Pasadena, CA 91104
Phone: (626) 296-1249
Website: www.latinabride.com
E-mail: latinabride@aol.com

Esta revista especializada muestra bodas Latinas y quinceañeras.

Servicios de Coordinación de Bodas

Contacte a las siguientes organizaciones para una lista de coordinadores de
boda en su área.

Association of Bridal Consultants

200 Chestnutland Road
New Milford, CT 06776-2521
Phone: (860) 355-0464
Fax: (860) 354-1404
E-mail: BridalAssn@aol.com

Weddings Beautiful Worldwide

    A Division of the National Bridal Service

    3122 West Cary Street

    Richmond, VA 23221

    Phone: (804) 355-6945

    Fax: (804) 359-8002

    Website: www.nationalbridalservice.com

    E-mail: 104664.3577@compuserve.com

Asociaciones Latinas

National Association of Hispanic Journalists

    1193 National Press Building

    Washington, D.C. 20045-2100

    Website: www.nahj.org

U.S. Hispanic Chamber of Commerce

    1019 19th Street N.W., Suite 200

    Washington, D.C. 20036

    Website: www.ushcc.com

National Council of La Raza

    1111 19th Street N.W., Suite 1000

    Washington, D.C. 20036

    Website: www.nclr.org

Sitios en la Red Mundial Sobre Bodas

    www.itheewed.com

    www.iBride.com

    www.theknot.com

    www.ultimatewedding.com

    www.weddingbells.com

    www.weddingchannel.com

    www.weddingline.com

    www.weddingpages.com

    www.weddingspot.com

    www.weddingweb.com

    www.wedguide.com

    www.wednet.com

    www.wedserve.com

Lectura para el Futuro

Axtell, Roger E. *Dos and Taboos Around the World*. 3d ed. New York: John Wiley and Sons, Inc., 1993.

Bride's Magazine, ed. *Bride's All New Book of Etiquette*. New York: Perigree Books, 1993.

Diamant, Anita. *The New Jewish Wedding*. Texas: Summit Books, 1986.

Dunn, Wendy, and Janet Nomura Morey. *Famous Hispanic Americans*. New York: Cobblehill Books, 1996.

Fernandez-Shaw, Carlos. *The Hispanic Presence in North America from 1492 to Today*. New York: Facts on File, 1991.

Hefter, Wendy Chernak. *The Complete Jewish Wedding Planner*. Maryland: PSP Press, 1997.

Instituto de Liturgia Hispaña. *Gift and Promise: Customs and Traditions in Hispanic Rites of Marriage*. Portland: Oregon Catholic Press, 1997.

Klausner, Abraham J. *Weddings: A Complete Guide to All Religious and Interfaith Marriage Services*. New York: Signet Books, 1986.

Lalli, Cele Goldsmith, and Stephanie H. Dahl. *Modern Bride Wedding Celebrations*. New York: John Wiley and Sons, Inc., 1992.

Latner, Helen. *The Everything Jewish Wedding Book*. Massachusetts: Adams Media Corporation, 1998.

Long, Becky. *Something Old, Something New: 701 Creative Ways to Personalize Your Wedding*. Minnesota: Meadowbrook Press, 1997.

Marvis, Barbara. *Contemporary American Success Stories: Famous People of Hispanic Heritage*. Vols. 1-9. Maryland: Mitchell Lane Publishers, 1996.

Novas, Himilce. *Everything You Need to Know About Latino History*. New York: Plume, 1998.

___. *The Hispanic 100: A Ranking of the Latino Men and Women Who Have Most Influenced American Thought and Culture*. New Jersey: Citadel Press, 1995.

Nuiry, Octavio, and Kirk Whisler, ed. 1999 *National Hispanic Media Directory: Latin American Media*. WPR Publishing, 1998.

Piljac, Pamela. *A Bride's Thank You Guide: Thank You Writing Made Easy*. Chicago: Chicago Review Press, 1993.

Robbins, Laura. *The Bride's Guide to Writing Thank You Notes*. New York: Notations, Inc., 1996.

Smith, JaQueline. *The Creative Wedding Idea Book*. Massachusetts: Adams Media Corporation, 1994.

Soto, Gary. *Snapshots from the Wedding*. New York: Putnam Publishing Group, 1997. Este libro de niños acerca de una niña de las flores México-americana menciona muchas actividades latinas de boda. Ilustrado por Stephanie Garcia.

Stein, Molly K., and William C. Graham. *The Catholic Wedding Book*. New Jersey: Paulist Press, 1988.

Toor, Frances. *A Treasury of Mexican Folkways*. New York: Crown Publishers, 1947.

Unterberger, Amy L. *Who's Who Among Hispanic Americans*. Michigan: Gale Research, Inc., 1994.

Van Laan, Nancy. La Boda: *A Mexican Wedding Celebration*. Boston: Little and Brown Co., 1996. Este libro de niños es un buen regalos para la niña de las flores. El cuento se centra en una joven y su abuela que miran la realización de una boda en una aldea de Oaxaca. Ilustrado por Andrea Arroyo.

Warner, Diane. *The Complete Book of Wedding Toasts*. New Jersey: Career Press, 1996.

Weddings Beautiful Assignment No. 10: *The History of Wedding Traditions*. Virginia: National Bridal Service. Undated.

Weddings Beautiful Assignment No. 9: *Traditions in a Hispanic Wedding*. Virginia: National Bridal Service. Undated.

Weddings Beautiful Assignment No. 13: *What You Should Know About Wedding Fashion*. Virginia: National Bridal Service. Undated.

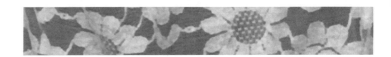

Indice

Acerca de la Autora

Edna R. Bautista, quien sostiene un título de doctorado en alta educación, se encuentra certificada como una especialista de bodas por Weddings Beautiful Worldwide, una división del National Bridal Service. Ella ha trabajado como especialista en bodas y en la actualidad se desempeña en el panel de consejo editorial de la revista *American Bride*. La Dra. Bautista, una antigua profesora universitaria en comunicación intercultural, en la actualidad coordina el Journalism and Mass Communications Program en Tulsa Community College en Tulsa, Oklahoma.